用笔尖作战

茅盾◎等著

邹韬奋

中国文史出版社

图书在版编目（CIP）数据

邹韬奋：用笔尖作战 / 茅盾等著. –– 北京：中国
文史出版社，2020.1
　（百年中国记忆. 报人系列）
　ISBN 978-7-5205-1348-7

　Ⅰ.①邹… Ⅱ.①茅… Ⅲ.①邹韬奋（1895–1944）
–纪念文集 Ⅳ.①K825.42–53

　中国版本图书馆CIP数据核字(2019)第218221号

责任编辑：卜伟欣

出版发行：中国文史出版社
网　　址：www.chinawenshi.net
社　　址：北京市海淀区西八里庄69号院　邮编：100142
电　　话：010-81136606 81136602 81136603（发行部）
传　　真：010-81136655
印　　装：北京新华印刷有限公司
经　　销：全国新华书店
开　　本：16开
印　　张：18
字　　数：186千字
版　　次：2020年3月北京第1版
印　　次：2020年3月第1次印刷
定　　价：52.00元

目录／
concents

百年中國記憶
BAINIAN
ZHONGGUO
JIYI

第一辑

韬光养晦　奋斗一生

历尽艰难觅光明

——邹韬奋的一生

王耀辉

1944年7月24日早晨7点20分，一位伟大知识分子的心脏，经历了半个世纪的磨难，终于停止了跳动！

为了寻找救国救民的真理，他颠沛流离、奋战、苦斗，死时却暂时不能公布他的名字，他的遗体用"季晋卿"的化名暂厝在上海殡仪馆。这难道不是在他为之奋斗的祖国的土地吗？这是多么不公平呀！

临终前，他心怀祖国，眷念同胞，对党对人民一片赤诚忠心。人们的耳边响着他的遗嘱：

"我死后，希望能将遗体先行解剖，或可对医学上有所贡献，然后举行火葬，骨灰尽可能带往延安。请中国共产党中央严格审查我一生的奋斗历史，如其合格，请追认入党。"

经历了复杂曲折的道路，他终于找到了中国共产党，并以革命圣地延安作为他身后的归宿。这是多么感动人啊！

他逝世后两个多月，新华社首先在延安公布了他的噩耗。消息传开，举国震悼！受过他影响的整整一代青年痛失一位良师益友，中国人民痛失一位忠诚的代言人，中国共产党痛失一位亲密的战友、坚贞不屈的伟大战士！

他，就是邹韬奋！

刻苦攻读

韬奋于1895年11月5日诞生在一个封建官僚地主的大家庭中。祖父当过福建延平府（今南平市）的知府。父亲是这个大家庭里众多兄弟中的第十四个。由于祖父年老告退，父亲带着家眷到福州福建盐务局做事，当过浦城盐务局的候补局长。在清末那股资产阶级改良主义的思潮中，邹父受过实业救国的思想影响，曾想筹办工厂振兴实业。但由于帝国主义在中国势力的庞大，他的梦想不仅没有实现，反而弄得穷困潦倒，一事无成。

韬奋在五六岁时，家里已是一贫如洗，甚至要靠赈济过活。年幼的韬奋虽然还不懂得什么叫作"穷"，但他却像懂事似的呆呆地望着母亲那苍白而愁苦的脸。由于家境贫寒，雇不起家塾教师，韬奋六岁时，由他父亲教给他《三字经》。父亲整天要他背诵"人之初，性本善"，弄得他苦不堪言。后来，他母亲认为这样教下去不行，才在节衣缩食的情况下，用节省下来的钱，雇了一名教师。父亲对韬奋严格要求，每到年底，他总要"清算"韬奋学过的功课，亲自听他背书。背不出来，提醒一个字，就重重地打一下手心。到书背完时，手掌已经被打肿了。

韬奋的童年，就是在这种"牢狱式"的家塾生活中度过的。他从六岁"发蒙"，开始背诵经书，稍大时接触《纲鉴》，接受的是封建思想和封建礼教的熏陶。但是，他天资聪敏，能够把古书上记载的关于亡国屈辱的事，与耳闻目睹的帝国主义侵略给中国人民带来的灾难联系起来，在小小的心灵中激起爱国的感情。他小时读《纲鉴》，看到晋朝的怀帝被汉主刘聪所俘虏。怀帝向刘聪觍颜称臣，甘当奴隶，他的旧臣都不胜悲愤地号哭起来，但怀帝的委曲求全仍然没能幸免被杀的命运！韬奋说："我小时候虽朦胧懵懂，当时看了这一段，小小心弦也被震动，感到莫名其妙的凄惨！"在他小小的心灵里已经开始播下了爱国主义的种子！

韬奋开始接受新教育，脱离"牢狱式"的家塾生活，是在辛亥革命后的第二年。那时，清王朝已经被推翻，洋学堂不再被视为异端，进洋学堂也不再是大逆不道。在一位进了洋学堂的邻居少爷的劝说下，韬奋的父亲终于同意韬奋"姑且报考"上海南洋公学（交通大学的前身）附属小学。这时，韬奋已经是十七岁了！

韬奋的父亲希望他将来成为一名工程师。南洋公学是当时国内著名的工程学校。学校分设附小、附中和大学三部。附小毕业可以经附中，直接升入大学。因此，韬奋的父亲非常高兴。但是，韬奋并没有实现他父亲的愿望。他在南洋公学读到大学二年级，因为对数、理等课程不感兴趣，自觉天性"实在不配做工程师"，就转到圣约翰大学三年级插班攻文科去了。其实，在南洋公学学习期间，韬奋的课外阅读就已经非常广泛。他时时都像猎人搜索猎物那样搜索着知识的矿藏，许多古文专集他都在课外看完了。梁启超创办的《新民丛报》更使他入了迷。梁启超那些激昂慷慨、淋漓痛快地抨击时弊的文章，以及他与汪精卫笔战的文章，都使他"非终篇不能释卷"。这样广泛的阅读，使他不仅在思想上受到潜移默化的影响，而且对他以后从事新闻写作也有很大的帮助。

韬奋的学习生活是非常艰苦的。他十三岁时，母亲去世，家庭经济相当困难。在南洋公学附中读到二年级时，家里就无法供给他学费。使他意外"得救"的，是学校从他入学第二年开始，实行奖励"优行生"，免交学费。他每学期各科的成绩都名列前茅，每学期都被评为"优行生"，解决了缴交学费的困难问题。他就是这样艰苦地度过了他在南洋公学的学习生活！

韬奋考进圣约翰大学文科三年级插班时，正是五四运动发生的1919年。那时，伴随着俄国十月革命的胜利，马克思主义也开始在中国传播。在黑暗中摸索的中国人民，已经从十月革命的胜利中看到了一线光明，但是，圣约翰大学这所由美国教会创办的"贵族化"的学校，仍然像一潭死水，激不起微波细浪。圣约翰大学本是以培养买办和洋奴才为宗旨的，韬奋由于从小接受中国古代文化传统的熏陶，在他身上隐藏着爱国主义的情操。他没有落入这帮买办和洋奴的行伍。

他按照自己社会实践的经历，走向了另一条独特的道路。

从希望到失望

1926年10月，韬奋经过一段职业锻炼之后，接任了编辑《生活》周刊的工作，在从事新闻工作中，他开始比较认真地接触社会的实际生活。那时，国共合作进入高潮，北伐战争已经开始。工农革命运动蓬勃发展，全国人民都关注"打倒帝国主义！打倒军阀！打倒封建势力！"的革命战争。韬奋由于在中华职业教育社担任编辑，有机会接触到一些青年读者，了解到他们的生活状况、愿望与要求，了解到社会的实际问题。他深深地感到：社会改造到了现阶段，如果以"个人主义做出发点"，脱离"整体社会的改造"，那是行不通的。因此，他把原来不超过"职业指导与职业教育"范围的教育社机关刊物《生活》周刊，改造成为以讨论社会实际问题为主的"主持正义的舆论机关"。希望"由协助个人而促进社会的改造"。这是韬奋思想转变的开始。

但是，他的思想还没有脱离资产阶级改良主义的立场。他在《本刊与民众》的"重要说明"当中，明确宣布："本刊的动机完全以民众的福利为前提"。表同情于被压迫的民众，谴责军阀与贪官污吏，谴责无耻的政客，不法资本家和一切社会的蠹虫，并且把他们排除在民众之外，提倡"群策群力地向前奋斗"。但是，他的"根本要策"，只是"力求政治的清明"和"实业的振兴"。对当时的黑暗现实，他有许多不满和揭露，但主要是希望其改进。

九一八事变以后，他开始对国民党感到失望。那时，日寇侵略的战火燃遍了整个东北，民众抗日的情绪非常高昂，而国民党政府却无视民众的抗日要求，为求苟安而断送国土。韬奋考察了几十年来的中国政治，认识到近代以来，满清政府软弱退让，腐败无能，造成了不断丧权失地的奇耻大辱。而今，他又亲眼看到国民党政府内政腐败，外交无能，感到廉耻丧尽，肝胆俱焚！1931年11月，他悲痛地说："我觉得除'不负责'与'无是非'的六个字外，实在苦于寻不出别的什么东西！"他警告国民党当局："国事糟到如此田地"，"仍然不愿民众说话"，无异于政府在"积极的广播革命种子"！他指出：尽管政府手中持有枪杆子，但"民不畏死，奈何以死惧之"！民众为"自卫"和"卫护民族"计，随时都有"爆发的机会，起来拼命"！他对国民党政府已经开始失去了希望。

《生活》周刊改造以后，深受广大读者的欢迎，销路由原来的二千八百多份激增到十五万份以上，成为当时杂志界影响最大的刊物。慑于它的影响，反动派的"喉舌"就跳出来造谣，说韬奋"由一个清贫的文人，一跃而为大红特红之时代名人，筑洋房，拥艳妻，出入以汽车代步，举止豪阔，匪复吴蒙。"妄图挑拨中伤韬奋与群众的密切关系。韬奋本来不拟公开答复，但考虑这不仅是对他个人的中伤，而且是有意要搞垮周刊，因此，他便在周刊上公开说明周刊社"公私经济"的"严格界限"，并且巧妙地给造谣者予以回击。他说：

"讲到'妻'，确有一个，'艳'不'艳'，我自己无须辩，不过这个'妻'我已经娶了七年，我'主办'本刊迄今不到六年，就是'艳'也不是本刊的发达才'艳'起来的。这也是不辩自明的事实。

"讲到'筑洋房'嘛？我所租的单幢四层楼的房子，和一个也有家眷的亲戚同住，他们住在三层楼，我和'艳妻'以及两男一女，五口子住在二层楼的一间卧室里，'豪阔'到哪里去？至于'代步'，我只有常常对不起我的两腿。

"至于所谓'大红特红之时代红人'，记者的工作专注于本社事业的范围，绝不借本刊为个人有所活动，'红'与不'红'，'名'与不'名'，非所顾问。"

他借此进一步揭露国民党反动统治下的民不聊生。他说："鉴于天灾人祸，万众流离，衣不蔽体，食不果腹的同胞遍地皆是，我自愧其家用已为过分。非谓'穷苦'本身之有可羡，惟当此哀鸿遍野，民不聊生，每念大多数同胞水深火热之痛苦，实不胜其歉疚愧怍。"真是诚挚悲痛，拳拳忠心溢于言表！

1932年九一八事变周年纪念前夕，韬奋历数了国民党反动统治下的"国耻"纪念日，指出"国耻"年年纪念，对外"依然"是屈膝投降，对内"依然"残酷镇压。他从报纸上看到陕西省各县无辜农民因缴不起政府派种的鸦片，而遭到"至惨极酷"的刑罚的报道，想到在内忧外患的情况下，人民群众"有国无匪"一样悲惨，心情异常悲痛。他愤怒地责问国民党当局：这是不是"人间地狱"？！只要设身处地想想，看到这种残酷的情景，谁能不痛哭？这到底是"谁的责任"？

1933年1月，由于国民党反动派镇压舆论，非法逮捕革命者和爱国青年，动辄加以莫须有的罪名进行秘密杀害。为了捍卫民权，韬奋加入了由宋庆龄、蔡元培等人发起的中国民权保障同盟，并被推选为执行委员之一。他警告国民党反动派，民众争取民权有两种方法：一种是用"比较和平"的方法，另一种就是"流血的革命"。如果"和平"的方法用到"山穷水尽，无路可走"时，那么，"流血的革命"就要"应着环境的需要而强作不速之客"。希望国民党反动派不要"自掘坟墓"。这表明他的思想比起1930年不赞成"阶级斗争的激烈手段"已经前进了一大步。而国民党反动派镇压革命群众的手段也变本加厉了。韬奋于是愈加深刻地意识到：把国事交给军阀和他们的附属品，无论如何是没有希望的了。他感慨万千地说："国难真要救的话，非另找出路不可。"

同年6月18日，民权保障同盟秘书长杨铨被国民党特务暗杀，韬奋也被列入"黑名单"。法西斯暴力到处袭击共产党，逮捕左翼作家，韬奋也经常被特务盯梢，环境非常险恶。在同志们的劝说下，韬奋准备离开灾难深重的祖国，到国外旅行考察。出国前，他冒着被特务暗杀的危险，到万国殡仪馆吊唁杨铨，表示对战友的钦敬，对国民党反动派的抗议。

蹈海萍踪寻真理

出国考察，原是韬奋"萦回梦寐"的愿望。现在他的愿望终于实现啦！

经过两三个星期的紧张准备，他在7月14日上午10时，乘上了从上海开往威尼斯的意大利轮船"佛尔第号"，住的是经济二等舱。下午1时许，轮船徐徐地离开上海。海天茫茫，白浪滔滔。他独自坐在"吸烟室"里沉思默想，万端思绪在他的脑海中翻滚！

他设想这次考察是"代表读者诸友的耳朵眼睛去的"。因此，要尽自己的心力，把所见、所闻、所感，都尽量客观地报道给读者，以期使大家都有一个明确的了解。

这次考察的目的，是要了解世界大势，寻找中华民族的出路。计划先是游历欧洲诸国，而后到苏联，再到美国考察后回国。

他之所以要先到欧洲，因为"欧洲是国际舞台上最重要的一部分，而在西欧的英国，更是所谓'民权国家'的老大哥，资本主义国家的最后堡垒，帝国主义对中国的关系，除日本外，它要算是最重要的了。"因此，他对英国"特别注意"。

其时，欧洲资本主义国家，正在经历着严重的经济危机。失业现象严重，罢工斗争不断发生。摆在他眼前的英国社会，是一幅"油干灯草尽"的"崩溃"的景象。他说："在目前，'油'虽还未'干'，'灯草'虽还未'尽'，但这样下去，是朝着'油干灯草尽'的路走下去，这是很显然的趋势。"

在伦敦，他发现资本主义社会内部存在着极端矛盾的现象："在这样大规模的繁华的城市里，同时却也有了大规模的贫民窟。"整个社会都以"金钱"为"核心"。在"华美窗帷的后面"，隐藏着"冷酷无情"。游手好闲的寄生虫，靠着别人创造的财富过活，而创造财富的人却在贫困和饥饿线上挣扎！

在法国的巴黎，他看到科学在交通上应用的效率很高，社会组织也比较严密。但他深深地感到：这种"严密的办法"，应用在"不合理的统治者"手里，反而可以极力"维持"其苟延残喘的统治。

在德国，他就亲眼看到在希特勒法西斯的"严密"统治下，到处充满着"残酷无比的'褐色恐怖'"。种族歧视、失业都非常严重。莱比锡的妇女"卖淫"现象，比欧洲其他"名城"都更有"特色"，那就是"不但有'鸡'，而且有'耆鸡'！"为了维持苟延残喘的生活，她们年过四十，还要"涂脂抹粉"，招徕"生意"，实在"不忍卒视"！

在欧洲资本主义"列强"国家，他所看到的社会现象：一方面是"少数人的穷奢极欲，生活异常阔绰"，另一方面是"多数人的日趋贫乏，在饥饿线上滚"！

至于美国，这个被中国知识分手特别"崇拜"的"现代文明"的"标本"国家，到底怎样呢？韬奋对它的政治、经济、文化等方面的考察特别详细。

"物质文明"高度发达的纽约，与古老的伦敦一样：东边的摩天大厦，巍峨宏丽；西边的贫民窟，破烂不堪。贫富悬殊，与伦敦似乎是"巧合"。他深深地感到：如果把这种富丽堂皇的摩天大厦，与破烂不堪的贫民窟对照，恰恰可作为资本主义社会"代表型"的"写真"。

科学的进步是资本主义社会的骄傲。它给人类带来了幸福，丰富了人类的物质生活享受；同时也给更多的人带来失业、贫困和死亡。当然，这绝不是科学进步本身的问题，而是社会制度的问题。这个问题，他在考察苏联时得到了解决。

在伦敦考察时，韬奋曾经在伦敦大学政治经济学院听过课，并且在伦敦博物馆和图书馆攻读过马克思主义的书籍，对马克思主义有了一定的了解。呈现在他面前的苏联，就是马克思主义的"实验型"的国家。因此，当他同美国学生旅行团从伦敦乘轮船到苏联的列宁格勒时，心情特别愉快。

在五天的横渡北海的航程中，他跟美国的青年学生在一起，看到他们个个愉快活泼、满腔热忱，自己也好像年轻了许多。他们围在甲板上唱《国际歌》时的场景，那种"刚强悲壮"的男声与"柔和婉转"的女声抑扬相和，那种"激昂慷慨"的音调，使他特别感动。他真切地感到《国际歌》"是勉励世界上的被摧残的人们共同起来努力奋斗，解除束缚，积极自救"。

他非常"钦羡"这班青年学生的"活泼的精神和歌唱的兴趣"。他们当中大部分是倾向进步的，但也有少数"顽固派"；因此，韬奋也遇到过不愉快的事情。当他们一同到莫斯科暑期大学听课时，就有几个"死硬派"故意挑些中国倒霉的事来问他。诸如"中国究竟何时得到和平？何时有过和平？何以总在你打我，我打你？”“中国革命恐怕绝非短时期内有希望的吧！”等等。作为一个为祖国的民族解放而斗争的人，对于有损祖国尊严的事情特别敏感。他除了据理给以反驳外，深深地感到：“要除此侮辱，还是要靠我们中国人自己努力，自拔于‘受人轻视’的境域”，表现出他一片赤诚的爱国忠心。

在莫斯科听课以后，他参观了苏联南方各地。对苏联的印象是："琳琅满目，美不胜收。"他亲眼看到苏联的党的领导与劳动人民打成一片，在建设社会主义。政治民主，经济繁荣，人民的积极性很高，社会主义建设日新月异。当然，苏联也存在缺点，例如，政府机关存在着官僚主义，物质生活还相当紧张，革命前遗留下来的问题尚未根本解决。但是他说："应当注意的是我们亲眼看见他们很努力地、很迅速地时时在那里减少或铲除缺点。"这说明他观察问题的角度是非常辩证的。

经过两年多的考察思考，韬奋看清了"世界大势"，找到了"中华民族的出路"。他说："现在的世界，除苏联外，很显然的现象是生产力的进步已和生产工具私有的社会制度不相容。""要彻底解决这种‘不相容’的问题，只有根本改造束缚这生产力的社会组织，我以为大众福利尽量利用进步生产力的社会组织。""生产工具必须社会化，即为社会所公有。"很显然，就是要走苏联的道路。他在美国考察时，曾对他的朋友说自己在国内，"只是一个爱国主义者，只要求中华民族的解放与强盛"。"游历了苏联之后，觉得社会主义很好。到了英国，觉得资本主义或有些不妥。到了美国北部纽约等城市参观一些工厂学校，又觉得资本主义还是不错。""可是，这次在美国南部看到了露骨的贫困、凶残、压迫以及黑人与白人共产主义者的艰苦工作，坚决奋斗"，"才深刻地体会到资本主义的本质"。因此，他觉得"社会主义与资本主义不是可以任意选择的两条道路"。

至于"中华民族的出路"，他认为"最重要的当然在努力于民族解放的斗争"。但这个斗争"决不能依靠帝国主义的代理人和附生虫"，必须依靠"和帝国主义的利益根本不两立的勤劳大众的组织"。正如他对他的朋友所说的："中华民族的彻底解放，只有在社会主义的无产阶级政党的共产党领导之下，才能获得。而且必定朝着社会主义的方向走去"。历史已经证明了他这个认识的深刻性与正确性。

经过两年的考察思考，社会主义与资本主义优劣的比较，韬奋的思想发生了质的变化，他已经从一个革命的民主主义者转变为一个共产主义者。而这个转变，为他在民族解放的斗争中，打下了明确、坚定和深厚的思想基础，使他在斗争中闪耀着共产主义的思想光辉！

在抗战的烽火中找到了中国共产党

1935年8月，韬奋从美国回到了百孔千疮的祖国。

在他离开祖国的两年多时间里，日寇把侵略的战火燃遍了我华北各省，民族危机在步步加深。中国共产党领导的工农红军，为了北上抗日，粉碎国民党反动派的五次"围剿"，胜利地进行了两万五千里长征，在长征途中，中国共产党发表了著名的《为抗日救国告全体同胞书》（即《八一宣言》），号召停止内战，团结抗日，组成抗日民族统一战线。

在这两年里，韬奋的战友杜重远高举他点燃的"火炬"，"继续在黑暗中燃着向前迈进"。杜重远在《生活》周刊被封后，创办了《新生》周刊，宣布："站在一般民众的立场"，"为民族生存而奋斗"。但是不到半年，《新生》即因发表《闲话皇帝》而被加上所谓"侮辱天皇"的"罪名"，禁止发行，主编杜重远也因此被"判处"入狱。

现在韬奋回来了！他一放下行李，就到监狱去探望战友杜重远！一踏进他的门槛，他即不胜悲感，两行热泪往下直流。这不仅是因为他们友谊的笃厚，更主要的是他深为战友"为公众献身的精神"所感动！接着，他积极筹办《大众生活》周刊，为响应中国共产党关于建立抗日民族统一战线的号召，为神圣的民族解放斗争而奔走呼号！

经过短时间的紧张而艰苦的努力，《大众生活》周刊诞生了！周刊宣布：以实现民族解放，铲除封建残余和克服个人主义为"三大目标"。指出要达到民族解放的目的，"必须克服个人主义，服膺集团主义"。告诉大众，在他们与"生活"一天天分离的残酷情况下，空喊"民不聊生"是没有用的，必须弄清敌我，对准目标，才能"死里求生，寻找出路"。

《大众生活》周刊积极支持学生的爱国救亡运动，努力促进抗日民族统一战线的形成。当华北危急，北平学生在中国共产党领导下，爆发了反对国民党投降政策的"一二·九"爱国运动时，韬奋就在《大众生活》周刊赞扬这是"大众运动的急先锋，民族解放前途的曙光"，号召全国人民"血诚拥护"学生爱国救亡运动，"推动全国大众的全盘的努力奋斗"！"积极促成民族斗争'联合阵线'的实现"。

《大众生活》出版了，广大读者又听到自己的声音了！他们纷纷写信给韬奋，表达自己愉快的心情。他们还向周刊提出殷切的期望，提出"避免无谓牺牲"的建议，热情地希望它"永远生存"。还有什么比自己创办的刊物获得广大读者的热情拥护和支持更为高兴的呢？面对这些热情的"奖勉"，韬奋向他们表示要与"本刊同人""愈益奋勉"，"永不辜负"读者的"期望"。

《大众生活》推动了全国抗日运动的开展，引起了国民党反动派的极大恐慌。他们派了两个高级官员到上海找韬奋"谈话"，一个是国民党中宣部副部长张道藩，另一个是复兴社总书记刘健群。张道藩"语无伦次"，刘健群"妙语横生"；两人合演了一出"喜剧"。刘健群以"洪亮"的声音，"饶有风趣"地发了一通所谓"领袖脑壳论"。说什么"领袖的脑壳自有妙算"，要韬奋"绝对服从"；他把全国救亡舆论诬蔑为"蚊子嗡嗡"，如不"绝对服从"，就要"完全扑灭"。最后他对韬奋发出露骨的恫吓："今日杀了一个邹韬奋，绝对不会有什么问题，将来等到领袖的脑壳妙用发生效果，什么国家大事都一概解决，那时看来，今日被杀的邹韬奋不过白死而已！"对于前面的"千古奇谈"，韬奋只是"一笑置之"；但当他听到露骨的恫吓时，就按捺不住给予坚决回击。他严正声明："不参加救亡运动则已，既参加救亡运动，必尽力站在最前线，个人生死早已置之度外。"表现出他光明磊落的斗争精神和坚强不屈的斗争意志。

两个官僚企图拉拢、威胁失败之后，蒋介石就想"亲自出马"。先由他的亲信，上海青红帮的头目杜月笙出面"邀请"韬奋到南京"会见"。杜月笙保证亲自"陪同"往返，南京方面也决定派戴笠按约定日期到火车站"迎接"。但是，韬奋断然拒绝了这次"邀请"！结果戴笠按时到火车站"迎接"，没有接到人，缺遇到倾盆大雨，泥泞路滑，半途翻车，弄得全身污泥，丧气而回，好不懊恼！这一"怠慢"，促使韬奋流亡香港。因为他已经无法再在上海待下去了！

在香港，韬奋仍然致力于抗日救亡运动。他在经费、印刷等条件都极端困难的情况下，在贫民窟里创办了《生活日报》，同时编辑《生活日报星期周刊》。

那时，日寇正叫嚷要吞并整个中国。国民党反动派却天天叫嚷"提携"，哀求"亲善"。面临着"亡国亡种"的严重危险，韬奋在《生活日报星期周刊》的创刊词中，要求不愿意当"亡国奴"的中国人，要用"艰苦奋斗"来寻找民族的"出路"。呼吁"对于民族敌人和汉奸卖国贼，绝对不能再坐视了，必须迅速造成全民族抗敌救国的联合阵线，用鲜血的代价，英勇的行为，向着民族敌人和汉奸卖国贼猛攻。"刘少奇同志曾用"莫文华"的化名，两次写信给韬奋，提出关于组织抗日民族解放人民阵线的问题。少奇同志指出："救亡的人民阵线应是极广泛的民族统一战线，应是全民族抗敌反卖国贼的各阶层的联盟。"韬奋在回信中，认为少奇同志的"剀切详明的指示"，"和我们的意见，可谓不谋而合"。表明他与党的观点的一致性和对党的领导同志意见的高度尊重。

抗战全面爆发后，由于国共第二次合作成功，促进抗日民族统一战线的形成。韬奋亲眼看到自己多年苦斗力争的"团结抗战"的愿望实现，感到无比高兴。1937年9月22日，中国共产党发表了《共赴国难的宣言》，韬奋认为这是"光明磊落大公无私的宣言"。并指出：这个宣言的"宗旨"是全国同胞"一致拥护"的。坚决支持中国共产党的立场。他坚信中国共产党的方针是争取抗战胜利唯一正确的方针，并从这个方针中得到了无穷的斗争力量。他终于在抗战的烽火中找到了中国共产党！抗战开始，他就曾经向周恩来同志提出入党要求。当时恩来同志认为他"以党外人士身份在国统区和国民党作政治斗争"更加有利。他完全听从恩来同志的意见，并始终以党员的条件严格要求自己。

1938年10月至1941年2月，他在重庆主编《全民抗战》，同时以生活书店为中心，出版进步书刊，团结进步的文化人士共同斗争。生活书店的前身是《生活》周刊书报代办部，1933年以后，为适应民族解放斗争的需要，改为生活书店。最初只在上海占"一隅之地"，到被封时为止，发展到遍及全国十四个省的五十六个分店。陕甘宁边区和敌后解放区都有它的分店。抗战期间，出版了八种杂志、一千多种书籍，对传播进步文化事业、推动抗日斗争做了杰出的贡献。国民党反动派曾惊呼："生活书店的书籍，虽在乡村僻壤，随处可见，可谓无孔不入，其势力实在可怕。"叫嚷"非根本消灭不可"。

　　韬奋在重庆，除坚持新闻出版事业外，他还同中国共产党人并肩作战。他坚定地站在党的立场上，在周恩来同志的关怀和指导下，团结同志，赤胆忠心，魔窟斗魔，铮铮铁骨。为革命、为民族解放事业，他"宁为玉碎，不为瓦全"，坚持原则，绝不对恶势力屈服。他是救国会的领导人之一，国民党聘请他为国民参政员。有一次，他参加了国民参政会的扩大会议。会上辩论要不要实施宪政的问题。各民主党派和无党派的参政员一致要求实施宪政，而国民党参政员却坚持说不必要。两边争论不休，会议从上午八时开始到深夜三时还没有结束，韬奋非常愤怒，并由此联想到许多无辜青年因国民党的"防制异党活动办法"而被关进牢狱和集中营遭受残酷折磨的情景。他恳求各党派和无党派的领袖们，不要忘记这些无辜青年还在狱中"呻吟哀号"！同时责问国民党当局：你们"似乎允许党派公开存在"，"何以又有许多青年仅仅因党派嫌疑，甚至仅仅因被人陷害，随便被戴上一顶不相干的帽子，就身陷囹圄，呼号无门"。把国民党的反动参政员骂得哑口无言。

　　1939年到1941年，国民党反动派掀起了反共、反人民、反民主的政治逆流。顿时黑云遮天，阴森恐怖。特务活动相当猖獗。国民党反动派对韬奋和其他进步文化人士制造了种种谣言，妄图加以政治陷害。接着又在全国各地相继查封生活书店的分店，摧残进步的文化事业。有一个谣言制造得相当离奇，说韬奋与沙千里、沈钧儒三人准备在"七七"那天领导"笔杆暴动"，并说韬奋在"七七"事变前一天，因为制造"纸弹"，疲惫不堪，晚饭后卧床便睡，第二天竟忘记了"领导暴动"的重要日期。但这不是笑话！果然不久，四川綦江政治干训团千余青年被诬要参加韬奋与沙千里领导的"笔杆暴动"，受牵连的竟达四五百人之多！从1939年2月到1941年2月这两年间，生活书店在各地的分店被摧残捣毁的达六分之五。仅存的六个分店也相继被查封和被迫停业。国民党中宣部副部长潘公展和中统特务头子徐恩曾还无耻地逼迫韬奋把生活书店与国民党反动派办的正中书局合并，并扬言："如不合并，生活书店即全部消灭。"这横蛮要求理所当然地受到韬奋的严正拒绝。而由生活书店组成的这支在民族的苦难中锻炼成长的中国文化生力军，也因此遭到国民党反动派的摧残！韬奋愤而辞去国民参政员的职务。他在《致在野各抗日党派的领袖们》的信中，表示"在此种残酷压迫的情况下"，绝无与国民党反动派妥协的余地。"苟犹列身议席，无异自悔"！但他仍然表示"仍以国民一分子资格，拥护国策，为民族自由而努力奋斗！"

皖南事变后，韬奋再度流亡香港。在那里，他重新恢复被扼杀的《大众生活》，进行不屈不挠的斗争。鉴于国民党反动派的倒行逆施，制造分裂，他在《复刊词》中指出："摆在全国人民面前的紧急问题，就是如何使分裂的危机根本消灭，巩固团结统一，建立民主政治，因而使抗战坚持到底，以达到最后胜利。"并且坚决表示："对于倒退的、有害于民族前途的现象"，"不能默而无言"。5月29日，他同茅盾、金仲华等联名发表了《我们对于国事的态度和主张》，痛斥国民党反动派对外投降妥协，对内倒行逆施和摧残进步文化事业的罪行！

太平洋战争爆发后，香港沦陷。韬奋与一大批文化界的进步人士，在中国共产党领导的东江游击队的协助下，逃离香港，到东江游击区。在溪涧山路的艰难跋涉中，他有说有笑，表现了革命的乐观主义精神。后来辗转到苏北解放区，深入当地参观考察，他对党领导下的苏北解放区感受极深。他高兴自己十多年来从事于民主运动，"只有在今天，才在实际中看到了真正的民主政治"。

他原来计划到延安去，但是因为多年奔波劳累，耳病发作，终于没有去成功。在新四军领导和党组织的妥善安排下，他被秘密转送到当时尚在日寇魔掌中的上海进行治疗。

在治疗期间，他同疾病做了顽强的斗争，并以坚强的毅力坚持写作，但终于医治无效，丢下手中未完成的手稿《患难余生记》，而与世长辞。

韬奋的一生仅仅活了不足五十年。这五十年是中国社会急剧变迁，人民饱经忧患的五十年，是新旧思潮激烈斗争，中国人民从觉醒到苦斗的五十年，也是新旧时代交替、光明与黑暗激烈搏斗的五十年！

生长在这样艰苦的斗争年代，在前进的知识分子的行列中，韬奋虽然不是"先驱者"，但他一经觉醒，就坚定地"追随为民族解放和大众自由而冲锋陷阵的战士们"英勇斗争，挥洒热血。他以笔作枪，为民族和大众的光明前途倾献精诚。他与中国人民一起经历过无数苦难，也享受过斗争的快乐和幸福。他在患难之中苦斗，在苦斗之中不断改造自己，洗净身上的灰尘，"完成民主战士的净化工作"。

中共中央根据他生前多次的请求，追认他为中国共产党党员，并把他的骨灰移葬延安，实现了他的遗愿！

韬奋是从他自己的革命实践中走到中国共产党的队伍中来的，他的历史也是中华民族争自由、谋解放的历史。他是无数知识分子的光辉榜样！毛泽东同志在1944年11月于延安举行的追悼大会上，亲笔作了题词，对他一生的功绩作了崇高的评价：

"热爱人民，真诚地为人民服务，鞠躬尽瘁，死而后已，这就是邹韬奋先生的精神，这就是他之所以感动人的地方。"

一个优秀的中国人

——邹韬奋先生的生平、思想及事业

张仲实

　　邹韬奋先生，这位二十余年来为民族解放、为民主政治、为进步的文化事业而不倦奋斗的伟大战士，原名恩润，韬奋是他主编《生活》周刊以后所用的笔名。他生于1895年9月，原籍江西余江，生长于福州和上海。先生幼时是在家里私塾请人教读古书。以后入上海南洋公学附属小学，因为他父亲希望他将来能做一名工程师。在这里，他由小学、中学，而读到大学电机科二年级；终因他喜读有关社会问题一类的东西，而对算学、物理一类的科目不感兴趣，而转入上海圣约翰大学文科，至1921年毕业。

　　先生在求学时代，是个苦学生，所有费用全靠自己赚取。在转入贵族化的圣约翰后，除在没有办法的时候向朋友借用外，曾开始翻译杜威所著的《民治与教育》一书，想以此所得救急；但巨著的翻译，有远水救不了近火之苦，最后仍只得靠在私家教课的办法，每日下课后，就往外奔，教两小时后再奔回来。后来充当该校图书馆夜间助理员，半工半读，才勉强渡过难关。

在求学时期，先生做事认真负责的优良作风就已养成。那时他对于算学一科，本来没有兴趣，但他认真学，认真准备，从不马虎；他做家庭教师，原为救穷，但是在执行教师职务的时候，却一点不愿存着"患得患失"的念头，对于学生的功课，异常严格，他毅然保持的态度是："你要我教，我就是这样，你不愿我这样教，尽管另请高明。"先生这种实事求是的作风贯彻他的一生。

在圣约翰毕业后，先生本想入新闻界，但因一时得不到什么机会，经毕云程先生的介绍，任穆藕初所办的上海纱布交易所英文秘书，后来黄任之先生请他担任中华职业教育社编辑股主任，因为收入不够用，半天给职教社编辑《职业与教育》月刊和丛书，半天给科学名词审查会工作。在后一工作结束后，又兼任中华职业学校教务主任和英文教员。这样，有六年之久。这期间先生共给职教社编译职业与教育丛书六种及其他译著三种。

在这一时期，职教社发起的职业指导运动，曾使先生的思想开始发生变化。该运动的办法是接洽各中级学校举行职业指导运动周，在这一周里学生填写该社所特备的职业指导表，按月请专家演讲，最后由该社与学生做个别谈话。先生跑了好几省，在各处都接洽进行这一运动。他对于职业指导，本来极感兴趣，致力研究，但他愈研究，却愈想跳出这一工作，因为他与各地青年谈话并观察中国社会实际情形的结果，发觉中国政治腐败，社会黑暗，一般青年学生多学非所用，一出学校即有踏入失业队伍的危险，职业指导的效用，实在很有限。因此，先生遂"感到惭愧，感到苦闷"，感到自己的思想"应该由原来的'牛角尖'里面转出来"。

这时却有一份使先生最感兴味的工作逐渐到来，这就是职教社1925年10月所创办的《生活》周刊。该刊原来的意旨只是为了迅速传布关于职业教育的消息，起初由王志莘氏担任主笔，过了一年，因王氏入银行界，乃改由先生担负编辑责任。先生接受这份工作后，虽已辞去英文教员职务，但又兼任《时事新报》秘书主任，白天在该报馆办事，晚上做职教社事情，编辑《生活》周刊。这样有一年光景，最后因《生活》周刊发展，需要全部时间和精力，于是先生才辞去时事新报馆的职务，而全力办《生活》周刊了。

先生实事求是和为群众服务的优良作风，在办《生活》周刊上，更充分地表现了出来。他接办该刊时（1926年10月），每期只印二千八百份左右，主要是赠送人。他接办后，便兢兢业业地工作。一方面，革新内容，注意短小精悍的评论和"有趣味有价值"的材料。每期"小言论"虽仅数百字，却是他"每周最费心血的一篇"，每次必尽他心力"就一般读者所认为最该谈几句话的事情"，发表他的意见。对于选择文稿，极为严格，不讲情面，不顾恩怨，"不管是老前辈来的或是幼后辈来的，不管是名人来的，或是'无名英雄'来的"，只要是好的他都用，不好的他也"不顾一切地不用"。对于文字，认真修改，他不愿有一字或一句为他所不懂的或为他所觉得不称心的，就随便付排。"每期校样要看三次。有的时候，简直不仅是校，竟是重新修正了一下。"编辑形式也"极力'独出心裁'，不愿模仿别人已用的成例……往往因为已用的形式被人模仿得多了，更竭尽心力，想出更新颖的格式来"。另一方面，增设《信箱》一栏，讨论读者提出的问题，并为读者服务，代购一切东西。读者来信的内容，都是一些现实问题：求学问题、家庭问题、婚姻问题、恋爱问题、职业问题等，形形色色，无所不有。先生对于广大读者的这些来信都尽力答复，他"把读者的事看作自己的事，与读者的悲欢离合，甜酸苦辣，打成一片"。他"答复的热情，不逊于写情书，一点也不肯马虎，鞠躬尽瘁，写而后已"。这些来信，有一小部分在周刊上公开发表和解答；大部分虽不能发表，先生也用"全副精神答复。直接寄去的答复，最长的也有达数千字的"。那时先生每年所接到读者的来信，总在两三万封以上，复信都存有底稿；来信者姓名和地址都编入卡片，以便经常保持联系。起初是先生自己拆信，自己复信；后来最盛时，先生忙不过来，有四位同事专门担任拆信和复信的事，但先生一一看过，亲笔签名。因为竭诚帮助读者，获得读者信任，所以国内外读者，就时常寄钱来托生活周刊社代买书报，买东西，买鞋子，买衣料，先生及其同事都尽心力去做，"不怕麻烦，不避辛苦，诚心恳意地服务"；有时买得不十分对，还要包换。

由于先生的认真负责，由于内容的革新和为读者热烈服务，《生活》周刊不到三年，每期销数便由两千多份而增至四万份；自1929年

10月起，该刊又加以扩充，改为本子形式（原为一单张半），内容更加充实，每期销数突增至八万份，随即增至十二万份，后来更增至十五万份以上，为中国杂志界开一新纪元！为读者服务一事，亦因后来愈来愈多，乃于1930年成立书报代办部，专办此事。这个书报代办部逐渐发展，就成为后来在全国有分支店和办事处五十六处及为广大读者所热烈拥护的生活书店！

在接办《生活》周刊后，因与广大读者发生联系，先生给广大读者做了老师，给他们解决问题，代他们服务；但广大读者也给先生做了老师，他们在无数封的通信中，使先生了解各种具体问题，了解了中国社会的各个黑暗面。因此，在这一时期，先生的思想也有了巨大的进步，即逐渐自觉地跳出狭隘的个人主义的圈子而站到人民大众方面来。这可由《生活》周刊前后内容的不同上看出来。在先生接办该刊的初期，其内容只偏重于个人的修养问题，并注意于职业修养的商讨，这没有超越教育和职业指导的范围。但随着先生"个人思想的进展而进展"，该刊就"渐渐变为主持正义的舆论机关"，具有"研究社会问题和政治问题"的先锋性了。先生自己在《经历》中说道："也许是由于我的个性的倾向和一般读者的要求，《生活》周刊渐渐转变为主持正义的舆论机关，对于黑暗势力不免要迎面痛击……不但如此，《生活》周刊既一天天和社会的现实发生着密切的联系，社会的改造到了现阶段又决不能从个人主义做出发点：如和整个社会的改造脱离关系而斤斤较量个人的问题，这条路是走不通的。于是《生活》周刊应着时代的要求，渐渐注意于社会的问题和政治的问题，渐渐由个人出发点而转到集体的出发点了。"自1929年后，该刊每期关于揭发国民党黑暗统治、祸国殃民、贪赃枉法一类文字的增多，就是证明。此后，该刊经职教社的允可，也脱离该社而独立，由该刊同人组织合作社来经营，因之，该刊得以顺利地向前发展。关于这一点，先生一再称赞职教社诸位先生态度的光明。

《生活》周刊突飞猛进之后，便"时时立在时代的前线"。随着民族危机的加深和严重，先生也成为为民族解放而积极战斗的战士。1931年朝鲜惨案、万宝山惨案相继发生，预示民族大难的降临。先生就提出警告说："国人万勿视为一隅一时之事"，日寇"此次横蛮与残酷，实为积极侵略中之小波澜"，并号召与日本帝国主义战斗，"强盗临门，无理可讲。我们应如何奋起自卫，这是全国同胞所应穷思竭虑的生死问题"。九一八事变发生后，先生猛烈抨击国民党的不抵抗主义，主张"必须反抗，必须抵死反抗"；公开反对国民党的内战政策，主张"全国上下，一致团结对外"；在外交方面，反对国民党依赖国联的政策，主张"自救"及"联络中山先生所说的'以平等待我之民族'，向前奋斗"。先生当时在《国庆与国哀》一文中愤慨地说："我们念及双十……更不禁联想到殉难诸烈士当时所痛心疾首奋不顾身欲为同胞铲除之危害，至今日则如水之益深，火之益热，所谓'同志者在'，徒见其挂羊头卖狗肉，钩心斗角于私斗，丧权辱国为惯技，一任暴敌之横冲直撞，劫掠惨杀，不以为耻，除'不抵抗'外无办法，除'镇静'外无筹谋。"另一方面，当时先生即向全国学生提出："各校学生应速组织抗日救国会"，并号召上海学生择定一日，做总示威，做"大规模的悲壮举动"。

当马占山在黑龙江竖起抗日旗帜之时，先生即号召读者捐款援助，登高一呼，群起响应，不到几天竟达十五万元之多，轰动全国！"一·二八"抗战时，先生除号召捐款援助十九路军外，还和其同人参加战时后方服务，根据战士们的需要，征集种种需用品，及设立生活伤兵医院。此外，还增出号外，报道战况，当时最受上海人民大众的信任，常常半夜三更还有人打电话到生活周刊社去询问前线消息，先生及其同事轮流坐以待旦，据实答复。

其后先生对国民党的一面交涉一面抵抗的欺骗政策，以及《淞沪协定》《塘沽协定》这些卖国条约，都尽力抨击。此时国民党统治者对《生活》周刊已不断加以压迫——停止邮寄或扣留。

在经过九一八事变和"一·二八"这些现实的教训以后，先生思想上的方向也更加明确了，对于个人与社会关系的认识也更加清楚了。其时先生自谓："作者自己和自己做前后的比较，自觉思想上的方向日趋坚定，读者于前后各文中或亦可看出一二。"在给读者的一封复信中，先生说："为个人利害而研究学问，检讨问题，是充满了自私自利的意味，而且也得不到出路，无疑的是要没落；为大众福利而研究学问，检讨问题，乃至谈一段话，作一篇文，以及其他种种活动，都以此为鹄的，方向既有所专注，心神自有所集中，随时随地都可会有推进新时代车轮的可能性。"先生当时抗日的主张，也不是狭隘的民族主义的观点，先生自己说道："自'九一八'，尤其是'一·二八'以后的拙作，对抗日救国的文字特多，这是认为民族自救乃目前的要图，决无意于提倡狭隘的国家主义。作者相信在现阶段内的我国革命，须考量中国的特殊情形，应暂以中国民族为本位；但相信革命的最后目标，是世界各民族平等自由的结合，而绝不是狭隘的民族主义。"

在九一八事变后，先生鉴于国难日益严重，为了"发表正确言论和新闻以唤醒国人，共起救亡御侮"，就想"创办一种真正代表大众利益的日报"。于是经一再筹划后，乃于1932年春天，正在"一·二八"抗战的炮火中，发表创办《生活日报》的计划，登报公开招募股款，不到半年竟收到十五万元。这些股款完全是由数元或数十元凑集而成的，投股者都是满布国内外各个角落的读者。先生兴高采烈，日夜忙于订购机器，筹备创刊，但终因国民党压迫，政府命令禁止邮寄《生活》周刊，虽再三解释，仍不能解禁，于是《生活日报》只得宣布停办，连已收到的股款和存于银行所得的利息，一并退还给投股者。

这时先生鉴于《生活》周刊危在旦夕，为了继续推进文化事业，争取民族解放，将周刊所附设的书报代办部改为生活书店，确定该店以推进大众文化、服务社会为其经营和出版方针。该店组织也采取合作社制度，凡在该店正式担任职务的人，都作为社员，股款按月从薪水中扣除百分之十，并有职业保障，不得随便解职。管理采取民主集中制办法，店中大小事情，都由大家讨论解决，领导机构，由社员大会选举。所有职员，除极少数是依着事业的需要而聘请来的以外，其余最大多数都是经过考试的，先生从未安插过一个私人。该店每年营业盈余，都用于发展事业，先生及同事都是始终靠薪水生活，从未分过红利，亦从未拿过股息。因为实行这些民主办法，所以，该店朝气蓬勃，即使在国民党残暴压迫之下，仍能很快发展成为中国出版界的权威，在近代中国文化事业上起了巨大的推动作用。

　　1933年年初，先生加入宋庆龄、蔡元培所组织的民权保障同盟，并被选为执委。该同盟的主要目的是在营救政治犯，反对国民党对青年的残暴屠杀和非法的拘禁酷刑，及争取言论集会的自由。先生一面积极参加该同盟的活动，另一方面并给人民大众指出正确的斗争方向："从历史上看来，便知民权之获得保障，绝不是出于统治者的恩赐，乃全由民众努力奋斗争取得来的。"同年6月，该同盟最积极的领导者之一杨杏佛，被国民党特务机关所害，先生也名列"黑名单"遂不得已出国。是年底，《生活》周刊亦被迫停刊。正如先生所说的，该刊虽然被迫停刊了，但"它的精神是永远存在的，因为它所反映的大众的意志和努力不是一下子可以消灭的"。接着生活书店就创办《新生》以代替。至1935年夏季，《新生》因《闲话皇帝》一文，触怒日寇，国民党统治者乃接受日寇的要求，又将该刊封闭，并以"妨害邦交"罪，将其主编杜重远判处一年又二月的徒刑！

　　先生于1933年7月出国，由海道至欧，先到意、法，然后住在伦敦，在这里先生除在伦敦大学政治研究院和大学研究院听讲外，便到伦敦博物院图书馆致力研究。从《读书偶译》可以看出，先生在当时研读了不少社会科学，尤其是马列主义的著作。1934年2月初至4月，遍游比、荷、德诸国；7月与美国学生旅行团同行，从伦敦至苏联，在莫斯科暑期大学听讲两个月；以后，参观苏联南部各工业中心、大集体农场及克里米亚名胜地，9月底仍回伦敦。1935年5月赴美，视察3个月，于8月底返国。在国外两年中，先生就旅途视察所得，用通讯方式，写有《萍踪寄语》三集，共约三十七万字。第一、第二两集的内容是报道欧洲各资本主义国家的情况——经济的衰落、政治的腐败，及社会矛盾的尖锐。那时先生对于德意两个法西斯国家的印象，就特别恶劣。到意大利时，正逢罗马在举行法西斯蒂独裁十周年纪念展览会，先生看后说："我所特别注意的是他们究竟替意大利人民干出了什么成绩；但却一些'展'不出，原来他们只不过按年把该国法西斯蒂一党发展中的杀人照片，'烈士'照片，所用的刺刀旗帜等陈列出来罢了！"关于希特勒德国之本质，先生认为是德国反动的资产阶级鉴于劳动阶级声势日大，深觉社会民主党之不足再供利用，索性揭开假面具，利用国社党作明目张胆的压迫，以做最后的挣扎，他看到希特勒统治的"特点"之一，便是"残酷无比的褐色恐怖"，并举述了法西斯蒂野兽屠杀德国人民的无数令人心惊胆寒的恐怖事实。这证明先生在当时即对法西斯主义已有深刻的认识和仇恨。《萍踪寄语》第三集是报道苏联社会主义建设的成就——政治的民主，经济的繁荣，以及人民生活的快乐和自由，先生对社会主义国家的热烈同情及对新社会的倾心向往，洋溢于每字每句之间。先生的这些著作，教导中国成千成万的青年读者了解了世界大势，了解了中国民族的出路！

先生自谓出国的目的是在观察"世界的大势怎样？""中国民族

的出路怎样？"先生本想在"看过美国以后，才来试答这些问题"。但在视察了欧洲"几个比较可以左右世界政治"的国家和苏联后，他关于这些问题已经站在马列主义的立场上明确地做了结论。先生说："现在的世界，除苏联外，很显然的现象是生产力的进步已和生产工具私有的社会制度不相容……在欧洲的所谓'列强'的国家里面所见的社会现象：一方面是少数人的穷奢极欲，生活异常阔绰；一方面是多数人的日趋穷乏，在饥饿线上滚!"因此，"要彻底解决这种'不相容'的问题，只有根本改造束缚这生产力的社会组织，代以为大众福利尽量利用进步生产力的社会组织"。至于中国民族的出路，先生说："我们的民族是受帝国主义压迫和剥削的民族……所以，我们的出路，最重要的是在努力于民族解放的斗争。"但是，这一斗争"决不能依靠帝国主义的代理人和附生虫；中心力量须在和帝国主义的利益根本不两立的勤劳大众的组织"。

因为对于上述两个问题已有了明确的答复，再加以在苏联和美国旅行团相处时所交"不少思想正确的好友"的有力介绍和热诚指导，所以先生对于美国的观察就更深刻了。这从《萍踪忆语》中就可以看出来。在美国，先生已能特别着眼于该国的内在矛盾、人民生活及其革命活动，并能与工人农民青年等进步组织保持联系。

先生于1935年8月底由美回国，其时生活书店在全国广大读者同情和拥护之下，已经大大发展，本版杂志已有《文学》《世界知识》《妇女生活》《太白》《译文》《生活教育》等，都风行一时；本版书也大量增加；同时人数已增至六七十人。先生即根据视察欧美和苏联的经验，致力于调整该店组织机构，实行科学管理，并改善同人生活，如普遍加薪，租赁宽敞高大的三层楼洋房为同人公共寄宿舍，检查身体健康状况，增设医药费，将工作时间改为七小时等。当时生活书店管理的民主，职员工作时间之短，及生活的优裕愉快，为全国其他地方所无。同时，先生鉴于日寇深入北方数省，民族危机日深，又想创办《生活日报》，但仍未被允许，经一再解释，才被准许登记，办了《大众生活》周刊。该刊于是年11月16日创刊，这时先生在政治上的方向也很明确了，战斗性也更强了。他在该刊创刊词中提出以"力求民族解放的实现，封建残余的铲除，个人主义的克服"为三大目标，号召全国，主张开放言论自由和民众运动，组织民族联合战线，实行抗日。创刊号出版后，有一个读者来信热忱地劝他在文字上慎重，希望《大众生活》不要"中途夭折"，先生答道："我们也和先生一样地希望着，不过当然还要以不投降黑暗势力为条件，因为无条件的生存，同流合污，助桀为恶的生存，虽生犹死，乃至生不如死。"那时日寇正与国民党统治者交涉所谓"三原则"，先生则站在中国人民立场，提出"我们的三大原则"——"一、坚决收回东北失地；二、恢复革命外交；三、恢复民众运动和言论自由"，与之对抗。"一二·九"运动爆发后，先生即予以热烈的声援和支持："参加救亡运动的男女青年同胞们！你们的呼号声，是全国大众心坎里所要大声疾呼的呼号声！你们的愤怒的表现，是全国大众所要表现的愤怒！你们紧挽着臂膊冲过大刀枪刺的英勇行为，是全国大众所要洒热血抛头颅为民族解放牺牲一切的象征！记者为着民族解放的前途，要对你们这先锋队顶礼膜拜，致最诚挚的无上敬礼!"此后，《大众生活》每期内容几乎完全是反映全国学生救亡运动的了! 在这一时期，先生自己说: "我的工作，我的经历，我的思想，我的感触，好像正在紧接着开演的电影，紧张得使我透不过气来!"由于《大众生活》站在救亡运动的前面，反映广大人民的要求，所以该刊销数竟达二十万份!

是年12月，上海文化界救国会成立，先生被选为执行委员。1936年2月间，《大众生活》出满了十六期，遇着了同《生活》《新生》一样的命运，又被国民党封闭了! 先生愈战斗愈坚强，并不因此而消极，他在《大众生活》最后一期登载启事，其中说: "我个人既是中华民族的一分子，共同努力救此垂危的民族，是每个分子所应负起的责任。我决不消极，决不抛弃责任，虽千磨万折，历尽艰辛，还是要尽我的心力，和全国大众向着抗敌救亡的大目标继续前进。"先生在国民党特务机关威吓之下，也迫不得已由上海出走至香港。

在《大众生活》被封后，生活书店又创刊《永生》周刊以代替，但到6月间又被封闭了! 1936年5月31日全国各界救国联合会在上海成立，先生被选为执委。

先生到香港后，因为该地可以公开发表抗敌救国的主张和日寇侵略中国的消息，便不怕种种困难，筹办《生活日报》。该报于是年6月7日出版。因香港印刷条件太差，先生为了把报排得好些，常常亲自到印刷工厂里去"坐镇"，"彻宵不睡地看着他们做"。这时先生在《生活日报》上一再撰文，阐发民族抗日统一战线的理论，既抨击狭隘的宗派主义、关门主义，又斥责妥协屈服的投降主义。对于托派的"左"的破坏统一战线的伎俩，更是不断加以揭穿。该报出版后不到两月，即可与华南第一流的大报比拟。但终因香港偏于南部，新闻采访及报纸推广发行有种种不便，遂根据读者要求，宣告从8月1日起移至上海出版。

同年7月，先生与沈钧儒、陶行知诸先生联合发表《团结御侮的几个基本条件与最低要求》小册子，主张停止内战，一致对外。这个有历史意义的小册子，即是先生所起草的。《生活日报》移至上海后，因国民党统治者不准登记，终未复刊，先生仅将该报副刊《星期增刊》复刊，并将内容加以扩充，改名为《生活星期刊》。是年11月间，上海、青岛等地日商纱厂工人举行反日罢工；日寇进侵绥远后，全国救亡运动也日趋高涨。先生当时与救国会诸先生奔走援助，并组织上海日本纱厂罢工后援会；同时杨树浦日厂全体工人也致书先生，请求帮助。这时国民党统治者生怕抗日救亡运动展开，乃于11月22日深夜把先生及救国会其他领袖沈钧儒先生等六人同时在上海逮捕，后押解至苏州高等法院，于1937年4月经检察官提起"公诉"，污蔑先生等的主张联合各党各派，建立统一战线，实行抗日及援助日厂工人罢工等行为为"危害民国"，直至七七事变后——7月31日才恢复先生等人的自由，共拘禁了二百四十天。在狱中，先生曾写完了《经历》和《萍踪忆语》两书，并将在伦敦时的英文读书笔记一部分整理出版成《读书偶译》。在先生等人被监禁期间，全国青年纷纷写信慰问；中国共产党中央及外国名人如罗曼·罗兰、爱因斯坦等都致电国民政府，要求立即释放。先生在《经历》中说："我们报答之道，只有更努力于救国运动，更努力于大众谋福利的工作。"

在抗战爆发后，先生便致力于抨击国民党的寡头统治，争取民主政治。在"八一三"战争的炮火中，先生曾办《抵抗》三日刊，一再对国民党片面抗战的政策加以抨击，主张彻底开放民众运动和言论自由，实行真正的全面抗战。上海沦陷后第二天，先生离沪，绕道香港、广西至武汉，笔者偕行，目睹先生每至一地，都有无数青年来访；到广西桂林时已是晚上十时左右，该地中学数百学生，本已入睡，听到先生抵达消息，全体起床，硬要求先生前去讲演了半点钟。《抵抗》三日刊也随先生迁至汉口继续出版，但改名为《抗战》三日刊；自1938年6月起，又与柳湜先生主编的《全民》周刊合并，改为《全民抗战》，原为三日刊，后改为周刊，直至1941年2月先生离渝赴香港为止。

1938年6月，先生被聘为国民参政员。从第一届参政会第一次大会到第五次大会，先生前后共提出五案，其中三案都是为了争取言论自由的：第一次是《要求具体规定检查书报标准的统一执行》；第二次是《要求撤销图书杂志原稿审查办法》；第三次是《要求改善审查搜查书报办法》。《要求撤销原稿审查办法》一案，是在第三次大会上提出，当时先生激昂陈词，会场挤满听众，在付表决时，连素来反对先生的也有人不自觉地举手赞成，遂得以大多数通过。同年，在汉口，国民党曾费了很大力量，叫先生入党，且以三青团中央干事相诱，但先生断然拒绝了，这表明了先生"威武不能屈，富贵不能淫"

的气概!

1939年年初,先生翻译《苏联的民主》一书,把"渗透于苏联全国人民各部分生活中的民主精神",介绍给中国读者,他在其序言中说:"苏联的民主有很丰富的内容供我们借鉴……中国在抗战建国的这个伟大的时代,必须加强民主以彻底动员广大民众来参加抗战建国的伟业。"7月,先生在重庆发动组织重庆各界宪政座谈会做公开讲演,并出版关于宪政的参考材料,及联合各党各派发起组织宪政促进会筹备会,积极设法推进宪政运动。同年,国民党反动派对于生活书店开始加以有计划有系统的压迫和摧残,其手段是:一方面造谣、诬蔑、威吓,说该店是受共产党所津贴,其同人自治会、读书会,改善生活、检讨工作,都有政治目的,其"生活推荐书"是组织读者,说生活书店密藏武器……企图以此造成摧残该店口实;另一方面,便是用暴力消灭该店。在抗战以后,该店为供应抗战需要,在前后方所设立的分支店及办事处,前后共达五十六处,从1939年4月起到次年同期,大多数被封闭或迫令停业,仅存六处;所出图书,也一律停止邮寄或没收,甚至包括经过审查及在内政部注册的。是年6月,重庆市政府社会局会同国民党市党部及中央图书杂志审查委员会曾派员亲自到该店总管理处审查账目,特别注意经济来踪去迹,但经两日审核的结果,毫无弊病可言。7月4日,国民党中宣部副部长潘公展又奉该部部长叶楚伧的指示,公开强迫该店与正中书局、独立出版社合并,直接受国民党领导并派总编辑,并要韬奋先生加入国民党,但这一切无耻的要求都被先生严词拒绝了。

1941年元旦，先生鉴于国民党统治者的日趋反动，在《全民抗战》社论《欢迎胜利的1941年》一文中提出六项主张："一、加强团结，坚持抗战；二、实现民主政治，保障言论、出版、集会、结社的自由；三、加强亲苏联美的外交政策；四、实施战时的财政经济政策，平抑物价，安定民生；五、实施抗战建国教育，保障学术讲习的自由；六、保障妇女在政治、经济、社会、教育、职业各方面的平等。"这可作为先生在被迫出走前的主张之代表。

但国民党反动派的倒行逆施，变本加厉。1941年2月初，生活书店仅存的昆明、桂林等六个分店，都被同时封闭，所有职员不是被捕便是逃散，所剩重庆分店一处，在暴力压迫之下，也不能出版东西了；反共反人民的罪行——皖南事变，也接着发生了。于是先生为了表示积极的抗议，乃于第二届国民参政会第一次会行将开幕之际，离渝赴港，到港后电渝辞去参政员之职。先生在《全民抗战》最后一期社论《言行一致的政治》一文中，对国民党的反动黑暗统治抨击说："世间实在不少满口仁义道德、实际男盗女娼的人！这类人公开说的话，有时听来也好像头头是道，像煞有介事，但是你如仔细观察他在实际上的行动，却和他们所说的恰恰相反……说尽好话，做尽坏事，在这种人自己也许扬扬得意，我们旁观者清的人，却不禁为之慨叹不置！"

先生在香港，像在内地一样，依然为文化事业、为民主、为救国而积极斗争。他除将《大众生活》复刊外，并替《华商报》写社论，替《保卫中国同盟》英文半月刊按期撰写论文。此外，还写了《抗战以来》一书。10月间与救国会留港代表九人联名发表《我们对于国事的主张》，并促成中国民主政团同盟之成立。

在日寇占领香港后，先生于1942年1月9日在中国共产党所领导下的东江游击队帮助之下，夹在难民群中，逃出香港，经九龙而到东江抗日民主根据地。先生虽冒险进入祖国土地，但却得不到自由！先生本想由东江转赴桂林，但重庆国民党统治者密令其特务机关严密监视和搜索先生的行踪，发现时"就地惩办"，先生只好暂住在东江游击队根据地。

1942年9月间，先生经过重重困难和敌伪一次一次的检查，到了上海。这时先生已患慢性耳炎，但经医生检查，不大严重，乃于10月间辗转到达苏北抗日民主根据地。在这里，先生悉心考察根据地状况，收集关于抗日的政治经济文化各方面的材料，并常常作盛大的关于民主政治的演说；同时，还计划创办一个刊物。不幸先生的耳病日趋严重，乃于1943年年初回至上海就医。经过两个月的疗养，病势稍轻，先生伏在床上又写了《患难余生记》一书；还计划写一本《苏北观感录》和一本《民主政治运动史》。但以后因病势复重，未能动笔。10月间听到国民党反动派撤退河防调集大军进攻陕甘宁边区的消息，先生愤不可抑，起来用毛笔郑重地写了《对国事的呼吁》一文，严词斥责国民党反共反人民的罪行。他在这篇文章中关于考察苏北根据地的印象说道："此次在敌后视察研究，目击人民的伟大斗争，使我更看到新中国光明的未来。我正增加百倍的勇气和信心，奋勉自励，为我伟大祖国与伟大人民继续奋斗。"此后不幸先生病势逐渐恶化，以至右眼失明，鼻子呼吸不灵，终于1944年7月24日上午7时20分溘然长逝！弥留之际，仍殷殷怀念祖国人民，遗嘱说："我心怀祖国，眷恋同胞，愿以最沉痛迫切的心情，最后一次呼吁全国坚持团结抗战，早日实行真正的民主政治，建设独立自由幸福的新中国。"并谓："我死后……骨灰尽可能带往延安。请中国共产党中央严格审查我一生奋斗历史，如其合格，请追认入党。"

先生二十余年来尽瘁于民主政治，尽瘁于民族解放，尽瘁于进步的文化事业。在九一八事变后，他的著作，他的救国活动，对于民族统一战线和抗日战争起了巨大的历史的推动作用。无数青年受其影响而走上革命的道路。先生之死，是中国人民的一大损失。先生在国民党压迫之下，颠沛流离，以致病死了；他的朋友，全国人民都同声悲悼痛哭；他的敌人，中国人民的刽子手，都拍掌欢笑。可是他们笑错了，现在世界反法西斯的胜利旗帜到处飘扬，法西斯野兽快要完蛋了。中国人民将完成先生的遗志。自先生病逝的噩耗传出后，陕甘宁边区及敌后各抗日民主根据地的人民大众，都纷纷举行盛大的追悼会；中国共产党中央特电唁先生家属，其中说："先生二十余年为救国运动，为民主政治，为文化事业，奋斗不息，虽坐监流亡，决不屈于强暴，决不改变主张，直至最后一息，犹殷殷以祖国人民为念，其精神将长在人间，其著作将永垂不朽。"并接受先生遗嘱追认入党和骨灰移葬延安的要求。重庆在国民党压迫之下也举行了数千人的追悼大会，在会场上各界人民对于国民党寡头统治的愤恨达于极点。

先生是中国人民的儿子。他有着优良的品质和作风。他时时以人民大众的利益为念，从不斤斤计较个人的利益。他做事认真负责，从不"拆烂污"，从不"马虎"，他自己说："我自己做事，没有别的什么特长，凡是担任了一件事，我总是要认真，要负责，否则宁愿不干。"他对人虚心，常以"新闻记者"自居，从不自高自大，他说："我个人是在且做且学，且学且做，做到这里，学到这里，除在前进的书报求锁钥外，无时不惶惶然请益于师友。"他为人民大众谋利益的热忱与实事求是的作风，结合在一起，遂使他一步一步走上了共产主义的道路，这道路正是中国知识分子应走的道路。

先生生前常自谓"无党无派"，其实先生的精神、先生的意志老早就和中国共产党结合在一起。他在其《经历》中讲到自己的主张和立场时说道："有害尽苍生的党，有确能为大众谋幸福的党；前者的帽子是怪可耻的，后者的帽子却是很光荣的……我自己向来没有加入任何党派，因为我这样看法：我的立场既是大众的立场，不管任何党派，只要它真能站在大众的立场努力，真能实行有益大众的改革，那就无异于我已加入了这个党了，因为我在实际上所努力的也就是为这个党所要努力的。"在讲到自己的前途时他又说："我所仅有的一点微薄的能力，只是提着这支秃笔和黑暗势力作坚苦的抗斗，为民族和大众的光明前途尽一部分的推动工作。我要肩着这支秃笔，挥洒我的热血，倾献我的精诚，追随为民族解放和大众自由而冲锋陷阵的战士们，'冒着敌人的炮火前进'！"

韬奋，你死了，你在国民党残暴压迫之下，在颠沛流离中病死了，但是你的事业，你二十余年为民主政治、为民族解放、为进步文化事业而不倦的奋斗，将永远活在中国人民的心里！你的遗志将由千千万万中国人民大众来完成！

（原载于1944年11月22日延安《解放日报》，略有删减）

伟大的大爱者

张仲实

　　韬奋是伟大的爱国者。他热爱祖国，热爱人民。为了祖国和人民，他不避艰危，忘我地工作。1931年九一八事变后，他在他主编的刊物《生活》周刊上高举抗日救国的大旗，积极地为反对日本帝国主义侵略、争取民族解放而斗争。1935年8月底，他从国外流亡中回国，更积极地投身于救亡运动的洪流，热烈地支持党领导下的"一二·九"运动；并和其他著名爱国人士一起发起上海各界救国会和全国各界救国联合会，被选为这两个组织的执行委员；此后，他成为救国会的著名领导人之一。1936年夏季，他和沈钧儒、陶行知等人联合署名发表了著名的《团结御侮的基本条件和最低要求》，这个文件是由他起草的。1936年11月22日，他和救国会其他领导人沈钧儒、李公朴、史良、沙千里等七人在上海被捕，被押解到苏州，经江苏高等法院检察官以"危害民国"罪起诉，被系狱中，到次年抗日战争开始，才在7月31日获释。在被捕期间，韬奋始终保持革命节操，表现了一个革命者应有的坚贞不屈的品德。

韬奋是彻底的民主主义者。他在他主编的刊物（《生活》周刊、《大众生活》《全民抗战》等）上不断抨击和揭露国民党反动派的黑暗统治，揭露国民党反动派对革命人民的残酷镇压。1933年1月间，韬奋参加了宋庆龄、蔡元培、鲁迅等发起组织的中国民权保障同盟。当时国民党特务横行，任意绑架、秘密逮捕革命者，酷刑逼供，随意处死。中国民权保障同盟就是为了反对国民党反动派的这种无法无天、蹂躏人权的暴行而组成的，它的主要任务是营救被捕者，协助群众争取公民权利如出版、言论、集会、结社等自由的斗争。韬奋一面积极地参加这个同盟的活动，一面通过他所办的刊物向人民群众指引斗争的方向。他在这个同盟成立的时候写道："从历史上看来，便知民权之获得保障，绝不是出于统治者的恩赐，乃全由民众努力奋斗取来的。"在抗日战争时期，韬奋被聘为国民参政会参政员，从第一届会议第一次大会到第五次大会，他的提案共有九案，其中三案都是为了力争人民的言论自由的。1941年春季，韬奋被聘为第二届国民参政会参政员。这时生活书店好多支店遭受了当地国民党政府封闭。经理、店员被捕。在第二届参政会举行第一次大会时，韬奋为了表示反抗，毅然辞去参政员职务，离开重庆，前往香港，坚持斗争。

韬奋是杰出的编辑家、政论家、出版家和革命家。从职业说，韬奋是从事编辑和出版工作的。他办刊物，有独创精神，态度鲜明，力求内容精辟、文笔简练；照顾读者需要；对文稿的选择，极为严格，凡不符合要求的，不管是谁写的，都不迁就，对于每期所采用的稿子，他都在原稿上认真修改，一字一句都不轻易放过，直到自己满意了才发排。对于读者的来信，他极其重视，凡来信中提出各种现实问题，比如求学问题、家庭问题、婚姻问题、职业问题等，他都"以极诚恳的极真挚的情感待他们，简直随他们的歌泣为歌泣，随他们的喜怒为喜怒"。他还在《生活周刊》社附设了书报代办部，专为读者服务。他主编的刊物与广大读者密切联系。韬奋在所办的刊物上设有《小言论》栏，每期刊物的《小言论》就国内外各种重要问题，加以评述。在工作之余，他还写一些文章。他的文章"明显畅快"，深受读者欢迎。在国民党反动派的法西斯统治下，他所办的《生活》周刊、《大众生活》，销数达十五万份到二十万份，创造了以前我国期刊销数的新纪录，使国民党特务大为惊慌。那时许多反动势力控制的学校里，《生活》周刊、《大众生活》都是被禁止的。但学生们都偷偷地订阅，在宿舍里、厕所里偷偷地阅读。

据夏衍同志回忆，1938年他到广州去办《救亡日报》。4月下旬，他带了许多自己认为很难处理的问题，到武汉向周总理请示。周总理说："你要好好学习邹韬奋办《生活》的作风。通俗易懂，精辟动人，讲人民大众想讲的话，讲国民党不肯讲的话，讲《新华日报》不便讲的。这就是方针。"总理的这段话，是对韬奋的工作所做的精辟总结。

《生活》周刊社附设的书报代办部，到1932年便发展成生活书店。因为有全国广大的读者同情和支持，生活书店的业务迅速发展，它在全国各地陆续开设了56个分支店。韬奋用办刊物、办书店的方式，同国民党反动派进行了不屈不挠的斗争。《生活》周刊被封闭了，就出《新生》；《新生》被封闭了，就出《大众生活》；《大众生活》被封闭了，又出《生活日报》和《生活星期刊》；以后又出版《抗战》《抵抗》《全民抗战》。再后又在香港出版《大众生活》。从1934年起，在生活书店出版的杂志还有《文学》《世界知识》《妇女生活》《译文》《太白》《生活教育》《光明》《国民公论》等，这些杂志当时都是很受读者欢迎的。从1936年年初起，书店又有计划地出版宣传抗日救国和革命理论的通俗读物，如《青年自学丛书》《救亡丛书》及其他有关哲学、政治经济学书籍，传播了革命的道理。在当时，对推动广大青年走上革命道路，生活书店是起了巨大作用的。生活书店是用生产合作社的办法办起来的；凡参加该店工作的，每月从工资中扣除百分之三十作为股份，以一年半为期。书店的管理机构——理事会，由全体股员大会选出。任何人不得来书店谋私利。韬奋当时也只是一个理事，同其他店员一样，每月仅拿工资，从没有额外支取。"四人帮"说韬奋是"资本家"，完全是捏造、诬陷之词。

生活书店同读书出版社、新知书店都是当时进步的文化堡垒。它们在宣传抗日救国和革命理论方面都起过巨大的作用。1949年7月，党中央关于三联书店今后工作方针的指示中的第一件就明确指出："三联书店（生活书店、新知书店、读书出版社）过去在国民党统治区及香港起过巨大的革命出版事业主要负责者的作用。在党的领导之下，该书店向国民党统治区域及香港读者宣传了马列主义、毛泽东思想和党在各个时期的主张。这个书店的工作人员，如邹韬奋同志（已故）等做了很宝贵的工作。"

韬奋同志经历的道路是中国知识分子走向进步、走向革命的道路。韬奋在上大学时，也是埋头读书，做一个优等生；大学毕业后，他当过英语教员，做过英文秘书、专业刊物的编辑等。1926年他接办《生活周刊》，为了适应时代的要求，渐渐注意社会问题和政治问题，渐渐由个人出发转到从集体出发，他的政治思想也渐渐发生变化，走向革命道路。1931年九一八事变后，他致力于抗日救国运动，逐渐转向为劳苦大众的利益而奋斗的立场。1933年7月，他被迫出国流亡到欧美各国考察，看到资本主义社会的腐朽，又到苏联考察，看到社会主义社会的优越，更促进了思想的变化。1935年8月他返回祖国，正逢日本帝国主义的魔爪从我国东北伸向华北数省，民族危机更趋严重，这年8月1日，中共中央发表《为抗日救国告全国同胞书》，号召全国人民团结一致，共同抗日。11月28日，中共中央又发表《抗日救国十大纲领》，更加鼓舞了全国人民的抗日热情。中国的出路何在？这是当时许多人都在思考的问题。韬奋回国后，就选定了中国共产党的道路，自觉地跟着共产党前进。他响应党的号召，全力参加抗日救国运动。"一二·九"运动爆发后，他立即给予热烈的声援，他写道："参加救亡运动的男女青年同胞们！……你们紧挽着臂膊大刀枪刺的英勇行为是全国大众所要洒热血抛头颅为民族解放牺牲一切的象征！记者为着民族解放的前途，要对你们这先锋队顶礼膜拜，致最诚挚的无上敬礼！"他主编的《大众生活》以最大的篇幅来反映这个运动，以全力推动全国人民的救亡运动。

此后，在各个时期，韬奋的政治态度总是同党的主张相一致的，他总是诚恳地听取党的主张，并且努力把党的主张转变为自己的实践。不论他个人的事业或者有关个人的去处有什么问题，或者遇到新的政治问题，他总是去找他所能接触的党组织商量，虚心听取党的意见，无条件地按照整个革命的利益来安排自己的生活和工作。总之，这时他已经严格地用革命者的标准来要求自己。

太平洋战争爆发后，在1942年年初，韬奋同志在党的帮助下，逃出香港，辗转到了党领导下的广东省抗日根据地，以后又到了苏北抗日民主根据地。在根据地里，他看到了抗日军民斗争的情况，看到了新中国的未来，感到十分振奋。他写道："当我在敌后抗日民主根据地亲眼看到民主政治鼓舞人民向上的精神，发挥抗日力量，坚持最残酷的敌后斗争，并团结各阶层以解决一切困难的情形，我的精神极度兴奋，我变得年轻了，我对于伟大祖国更看出了前途光明。"他更坚定地要求加入共产党，成为无产阶级先锋战士。但不幸的是，在他一生的重要时刻得了重病，这个愿望未能在生前实现。在他病危弥留之际，他在遗嘱中说："请中国共产党中央严格审查我一生的奋斗历史，如其合格，请追认入党。"他还留下嘱咐，在他死后，他的"骨灰尽可能带往延安"，"遗嘱亦望能妥送延安"。

韬奋同志于1944年7月24日在上海病逝，党中央对韬奋同志的逝世表示了沉痛的哀悼，对他的政治活动和事业作了热烈的赞扬和高度的评价。1944年9月28日，党中央给韬奋同志的家属发了唁电。唁电中说：“……韬奋先生二十余年为救国运动，为民主政治，为文化事业，奋斗不息，虽坐监流亡，决不屈于强暴，决不改变主张，直至最后一息，犹殷殷以祖国人民为念，其精神将长在人间，其著作将永垂不朽。先生遗嘱，要求追认入党，骨灰移葬延安，我们谨以严肃而沉痛的心情，接受先生临终的请求，并引此为吾党的光荣……”

韬奋同志逝世时，上海还在日本侵略者的魔掌中，不能公开发表他的逝世消息。这年10月7日，新华社才公布了韬奋同志逝世的消息。当时在延安出版的党中央的机关报《解放日报》在发表这个消息的同时，还发表了一篇社论，对韬奋的逝世表示沉痛的哀悼。社论里写道：“由于他的真诚爱国，由于他从广大人民的利益出发的立场，他和中国共产党很早就成为最亲近的战友。他不是共产党员，但在争取民族独立和民主自由的战斗中，他始终和共产党结着亲密的联盟。他对于中国的前途是乐观的，知道新的中国一定会形成。而在共产党所领导的广大中国解放地区里，他已亲证了人民的伟大斗争，看到了新民主主义中国的光明未来。他相信有共产党的存在，有中国广大人民的存在，也就有中华民族的不可磨灭的伟大力量的存在，这力量会使抗战必然胜利，使自由幸福的新中国必然生长起来。韬奋先生临终遗嘱要求共产党中央追认他为党员，证明他对共产党的事业的伟大意义，是有深刻认识的。”

当时各解放区都举行了韬奋同志追悼会。其中以延安的追悼会最为隆重。这个追悼会是在党中央的直接领导之下举行的。1944年10月

11日，周总理召集同韬奋熟识的吴玉章、秦博古、邓颖超、周扬、艾思奇、林默涵、李文、程今吾等和我共12人，开了发起人会议，讨论了纪念和追悼韬奋同志的办法。会上决定的办法中有：向陕甘宁边区政府建议，将延安的华北书店改名为韬奋书店；向陕甘宁边区文教会议建议电唁他的家属；在延安举行追悼会，并在大会上陈列展览韬奋的著作和他所办的期刊；建议《解放日报》社在举行追悼会时出追悼专刊，专刊由艾思奇和我负责。会上还决定成立追悼会筹委会，由周扬、艾思奇、林默涵、李文等及我组成，以周扬为负责人。这次会议的决定由我整理了一份记录，送周总理审阅。周总理在"向陕甘宁边区文教会议建议"项下补充了一句"提议以韬奋为出版事业的模范"。周总理将这份记录送毛主席阅批。毛主席批示"照此办理"。

延安各界追悼韬奋的大会是在1944年11月22日，即韬奋和救国会其他6位领导人于1936年以"救国罪"被捕的日子举行的。会址是陕甘宁边区政府大礼堂，有1500个座位。那天到会的人远远超过这个数目，很多是自发来参加的，大礼堂的座位都坐满了，礼堂内的空地和两边窗外都站立了很多人。到会的青年同志大多是在思想上受了韬奋的影响、帮助而参加革命队伍的。场内场外挂满了挽联和悼词。许多中央负责同志都参加了追悼会，朱总司令、陈毅同志都在追悼会上讲了话。

当时，毛主席、朱老总都给《解放日报》追悼专刊题了词。毛主席的题词是"热爱人民，真诚地为人民服务，鞠躬尽瘁，死而后已，这就是邹韬奋先生的精神，这就是他之所以感动人的地方"。朱老总的题词是"爱国志士，民主先锋"。1949年年末，韬奋同志逝世5周年时，周总理作了题词"邹韬奋同志经历的道路是中国知识分子走向进步走向革命的道路"。其他中央负责同志如陈毅、吴玉章、徐特立，也都给追悼专刊写了文章。许多革命青年怀着感激的心情，在《专刊》上发表了文章，向帮助他们走上革命道路的韬奋同志表示衷心的感谢。

韬奋同志有很多崇高的品德。他对工作极其认真负责，一丝不苟。他自己说："我生性不做事则已，既做事就要尽力做得像样。"他勤奋、好学，对自己从不感到满足。他说："我个人是在且做且学，且学且做，做到这里，学到这里。"他密切联系群众，竭诚地为群众服务。他对读者的每封来信，总是以关切的心情，针对思想上的特点，对于他们存在的问题，给以切实具体的解答。他说，他"把读者的事情看作自己的事，与读者的悲欢离合、甜酸苦辣打成一片"，他"答复的热情不逊于写情书，一点也不马虎，鞠躬尽瘁，死而后已"。他为人谦虚，热情，从善如流，没有一般知识分子自命不凡、自高自大、目空一切的脾性。韬奋的这些崇高品德都是值得我们学习的。

韬奋同志的工作和斗争是值得学习的；他的历史贡献是值得纪念的。万恶的"四人帮"想要否定他是办不到的。韬奋同志的事业和著作，永垂不朽！

1978年7月24日

光彩夺目的一生

钱俊瑞

邹韬奋同志是伟大的爱国者，也是我国杰出的新闻工作者、文化工作者。他一生追求真理，实践真理。他从大半生的亲身经历中，认识到"中国无出路则已，如有出路，必要走上社会主义的这条路"；只有中国共产党，才是中国人民的救星。他由一个卓越的革命民主主义者转变成为优秀的共产主义者。他把自己的全部心血献给了救国运动、民主政治和进步文化事业。他和我们伟大祖国的命运密切联系在一起。他和人民心连心。他如同爱护自己的眼珠一样，爱护我们祖国的未来——年青一代。作为一个革命文化巨人，在许多方面，他堪与伟大的鲁迅媲美。他是我们学习的光辉榜样。

我同韬奋最初相识是在1933年。那时，胡愈之、曹亮、金仲华、钱亦石和我等在党的领导下，在上海组织了一个"苏联之友社"。我们的任务是研究和介绍当时世界的灯塔——苏联，同时宣传党的抗日救亡主张。韬奋常常来参加我们的座谈。在胡愈之同志的倡议下，我们创办《世界知识》杂志，用马克思主义的立场、观点和方法，研究分析国内外形势，指出中国的出路。韬奋全力支持，同意由他所主办的生活书店出版发行。当时，参加进步组织，发表进步言论，同地下党员来往，是要冒很大风险的。但他始终不顾个人安危和书店被封闭的危险，同党保持密切的关系。他主编的刊物，经常刊登苏联革命和建设的文章，积极宣传救国救民的主张。

韬奋一生备受国民党政府和帝国主义的迫害。他曾一度入狱，多次流亡。不论工作、生活多么艰苦，他的心总向着人民、向着党。1944年6月，他在病情恶化、生命垂危的时候，曾召亲友口授遗嘱，交代在他死后，将骨灰尽可能送往延安，请求党中央严格审查他一生的历史，追认入党。这个消息，传到新四军军部，我们都感动得流下泪，并用他的事迹教育广大干部和战士。

韬奋早在1938年就曾提出加入中国共产党。抗日战争全面爆发，七君子出狱后，他对党的认识有了一个飞跃，不再像他在《经历》中所说的"心目中没有任何党派"了。当时，他明确表示要争取入党，为党多做点工作。他是全国各界救国联合会的执行委员，我是全救会的党组书记，他知道我是地下党员。上海沦陷后，我同他经香港、广西辗转到武汉一路上交谈得很多很深。1938年5月的一天，他恳切地同我谈过迫切要求入党的愿望，并要我做他的入党介绍人。我向组织做了汇报。韬奋逝世后，党中央很快发出唁电，并追认他入党。毛泽东同志在11月15日亲笔题词："热爱人民，真诚地为人民服务，鞠躬尽瘁，死而后已，这就是邹韬奋先生的精神，这就是他之所以感动人的地方。"党中央的唁电，毛泽东同志的题词，是对韬奋一生斗争历史的最好评价。

韬奋疾恶如仇，对反动派敢于斗争，善于斗争。七君子入狱，他在审判庭上慷慨陈词，宣传救国会主张，痛斥国民党不抵抗主义，把国民党反动派置于被审判的地位。1938年秋，国民党对抗战进步书刊横加扣压，他亲自去找国民党特务头子徐恩曾，横眉怒对，痛加申斥。

韬奋坚决反对新闻工作是"无冕之王"的说法。他曾风趣地说："今天的有冕之王是反动派。我们是无冕的老百姓，应当作人民的忠实代言人。"作为一位杰出的新闻编辑工作者，韬奋始终坚定地站在人民大众的立场上，用他那支犀利的笔横扫千军，忠心耿耿地为群众服务。在小学念书的时候，他就希望长大了做个新闻记者，从1926年10月接办《生活》周刊算起，他差不多有二十年的时间，没有离开过编辑、记者的生活。他严格要求自己做一个"要在'新闻记者'这个名词上面加上'永远立于大众立场的'一个形容词的"记者。他撰写的几百万字的文章和主编的上百万份各种报刊充分表明，他的的确确做到了这一点。

他心中时刻装着读者。读者是他的服务对象，是他最亲密的朋友。他给读者无微不至的关怀、帮助和教育。他接办《生活》周刊不久，就开辟《读者信箱》栏，通过"信箱"的形式，切实具体地解答读者提出的各种各样的问题，如求学问题、就业问题、恋爱问题、家庭问题等。1930年，又专门成立书报代办部，为读者代买书报和其他用品。这个书报代办部，后来就发展成为在全国有几十处分支店和办事处的生活书店。

随着刊物影响的日益扩大，读者的来信日益增多，每天来信都有上百封。韬奋十分重视阅读和答复读者的来信，每天差不多要用半天时间看信。这些来信，有一小部分选登在周刊上，并加以解答；不能公开刊登，但又有必要直接答复的，他就用书面个别答复，或者约请读者当面商谈讨论。他直接寄给读者的复信，有的长达几千字。有人曾建议，印一个简便复信答复读者，他坚决不同意，他说："这是做官当老爷的办法，我们不能这样干。"我建议，如果今后出韬奋全集，可以发动当年的大量读者献出韬奋的亲笔复信，不但数量很可观，而且很有教育意义。韬奋竭尽自己心力为读者服务的精神，是我国报刊史上光辉的传统，我们应该保持和发扬这个光荣传统。

韬奋的一贯作风是认真负责，全力以赴，一丝不苟。他这样说过："我自己做事没有别的什么特长，凡是担任了一件事，我总是要认真，要负责，否则宁愿不干。""我生性不做则已，既做事就要尽力做得像样"。他自己认真负责，他也要别人认真负责。他主张办事机构精干，坚决反对臃肿庞大。他刚接办《生活》周刊的时候，全部职员连他自己在内，总共三个人，一位是徐伯昕，着重管营业；一位是孙梦旦，着重管会计；他自己管编辑和著述。从看稿、选稿、撰写、编辑到跑印刷所校对、看清样，他事事躬亲，切实负责，要求严格。每篇稿件，他都精心修改。他不愿有一字一句为他所不懂的，或为他所觉得不满意的，就随便付排。付排以后，校样要仔细看几遍，尽力不让刊物上出现一个错字。封面设计、编排形式，他都力求新颖，不落俗套。

像鲁迅一样，他十分爱护进步青年，从各方面给青年以指导，是广大青年的良师益友。他热心培养青年作者，珍惜青年作者的劳动成果。他决不因为稿件是"晚后辈"写的，不是知名人士写的，便丢在一旁，或大笔一挥，任意删改。凡是有可取的内容，他都认真修改；不能用的，便给作者指出存在的问题，应如何努力改正提高。在他主办的各种刊物上，刊用了大量青年作者的文章，许多青年不但从这些刊物中获得教益，走上正确的道路，还锻炼成为反对国民党文化"围剿"的尖兵。

韬奋善于团结人，谦逊幽默。他没有一点旧知识分子文人相轻、骄傲自大的坏习气。不论是讨论时事学术问题，或者商谈刊物出版发行的方针、业务，他都虚心倾听别人的意见。对于自己不了解的事，决不冒充内行。读者提出的问题自己解答不了的，便请教朋友，请教专家。他主编的刊物每期发表的重点文章，需要约请人写的，他总是亲自登门拜访，同作者商量。由于他平易近人，虚怀若谷，不但团结了大批青年作者，也得到许多名流学者的支持,使三个人起家的小小文化事业单位，办成能在国民党统治区冲破文化"围剿"的强大革命文化阵地。

韬奋逝世三十五年了，但这一切依然历历在目。我们深深怀念他。他全心全意为人民服务的献身精神将永远光彩夺目，激励人们奋勇前进。

（原载于1979年6月《新闻战线》第3期）

邹韬奋先生事略

沈钧儒

　　韬奋先生是以笔名闻于世的，原名恩润，有一个时候名逊庵，韬奋是在十五年主编《生活》周刊以后所用的笔名，学生时代最早向《申报·自由谈》投稿，笔名谷僧。原籍江西南昌，但先生自己在有关文件上多填江苏上海，因自小即生活在上海。

　　先生是养育在大家庭里面的，父亲字庸倩。同辈总排行第十四。先生出生之年，大概是辛亥年前十七年九月某日，母亲浙江海宁查氏，生三男三女，先生居长。不幸母亲早逝，其时先生只十三岁。父亲做官清正，家里一贫如洗，在福州候补时，要领施米贴补一家的生活，其后退休，更是一无储蓄。所以先生少年就学时代即全靠自己设法半工半读，还要照顾两个弟弟，是非常艰苦的，他在所著《经历》里有详细的叙述。父亲至今健全，年逾七十，寓居北平，家里还有许多人。先生在上海时，迄至抗战起来，最后在重庆这几年，一直按月

59

不断汇款接济家用。

第一个夫人叶女士，婚后不到二年，以伤寒症去世。现在的夫人沈粹缜女士是在接办《生活》周刊这个时期结婚的，随时随事，协助先生，平时家庭融和快乐，故先生得一心专注于著作。先生一生对经济、社会、政治，艰苦奋斗，几乎恒久是在忧患中过生活，他所引以为自乐的是什么呢？他说："在那样静寂的夜里，就好像全世界上只有着我们……我们的精神是和无数万的读者联系着，又好像我们是夹在无数万的友丛中工作着。"这真写出了他在埋头写作中精神和意境之广阔、伟大、飞扬、深静，现在读起来，似尚有万丈光辉，射入一切写作者的脑里，得到心心相印的安慰，这样，就鼓励了他一生的努力工作。除此以外，恐怕还要算是他的家庭确给予了他充分的安适和欢乐，此次病中及疾革时候，沈女士都在身旁。生二子，嘉骅、嘉骝；女一，嘉骊。

以上所说，是先生家庭的大概。

先生学历的第一个阶段，是经过南洋公学的附属小学、中学、大学电机科二年级。当在中学一年级第二学期，家中经费供给已告断绝，幸得"优行生"资格，得以免除学费，但是其他一切费用仍是不够。父亲原来希望他做工程师，先生经过种种考虑，改变了计划，可说是在这时起，便下决心做新闻记者。于是，改进圣约翰大学的文科。因为经济关系，在其先，并同时兼做家庭教师。1921年（民国十年）毕业，获得文学士学位。后来出国，又曾进英国伦敦大学政治经济学院和大学院研究。

　　圣约翰毕业后，依先生志愿，就要进新闻界，但是事实哪里有这样便利呢！因为生活关系，便迁就地担任了上海纱布交易所里的英文秘书，不久，又兼就申报馆助理答复英文信件，青年会中学英文教课等事。其后，中华职业教育社请先生担任编辑部主任，编译职业教育丛书和月刊，同时兼任职业学校的英文教务主任并兼教授，七八年之久。民国十五年冬间，参加《生活》周刊工作，十六年辞去职教社教书职务，担任时事新报馆秘书主任，晚上，还是替职教社编译，这样工作，约有一年光景。因《生活》周刊进展的迅速，使先生不能不摆脱一切，开始了和他一生前途有关系的新生活。《生活》周刊在先生接办之初，每期出版只二千八百份左右，因先生负责改编，而壁垒为之一新。据先生自己说："我接办之后，变换内容，注重短小精悍的评论和有趣味、有价值的材料，对于编制方式的新颖和相片插图的动目也很注意。""每期的小言论虽仅仅数百字，却是我每周最费心血的一篇。每次，必尽我心力就一般读者所认为最该说几句话的事情发表我的意见。其次，是信箱里解答的文字。""我对于搜集材料，选择文稿，撰述评论，解答问题，都感到极深刻浓厚的兴趣。我的全副精神已和我的工作融为一体了。"又说"也许是由于我的个性的倾向和一般读者的要求，《生活》周刊渐渐转变为主持正义的舆论机关，对于黑暗势力不免要迎头痛击。""《生活》周刊既一天天和社会的现实发生着密切的联系，社会的改造到了现阶段，又决不能从个人主义做出发点，如和整个社会的改造脱离关系，而斤斤较量个人的问题，这条路是走不通的。于是《生活》周刊应着时代的要求，渐渐注意于社会的问题和政治的问题，渐渐由个人出发点而转到集体的出发点了。"看了上面先生自己所说的话，可以对当时整个《生活》周刊的作风和它的内容大概有了了解。《生活》周刊一天天发达，销路扩至十五万份以上，为海内外数十百万读者所拥护，中华职教社"深知道这个周刊在社会上确有它的效用，允许它独立"。由是，《生活》周刊脱离职教社，另组合作社，产生了生活书店。后来，它的业务发展到全国分支店达四十二所，前后出版书籍一千零五十余种，不能不说是完全由先生心血和精诚所倾注培养而成功的。关于它的组织，完全是合作性质，"苦干十余年，大家还是靠薪水养家糊口"，这种办法，亦是由先生意思所规划而决定的。《生活》周刊既"时时立在时代的前线"，不幸而时代的严重日益加甚，九一八事变爆发，国难临头，全国震动，先生亦不得不由言论而渐入于行动。当东北义勇军喋血抗战，消息传至上海，生活周刊社代收读者捐助前方之款，数量达十二万元，创开了在抗战中以刊物而代收民众捐款之门。乃忌者纷起，谣琢繁兴，又因参加"民权保障同盟"，遂迫使先生而作欧洲之游，环历地球一周，于翌年9月返国。返国后，主办《大众生活》，对于团结抗战和民主自由，提出最明显的主张，向国人与政府做诚恳迫切的呼吁，大声疾呼，不遗余力，"反映了全国救亡的高潮"。随后，曾在香港办《生活日报》。二十五年又回上海主办《生活星期刊》，参加文化界救国运动，在全国各界救国联合会代表大会中当选执行委员，当时四人署名提出之小册子《团结御侮的几个基本条件与最低要求》，即为先生所属草。是年冬间，与其他诸友同时被捕，由上海押解苏州，经江苏高等法院检察官以"危害民国"罪起诉。嗣因"七七"事变，抗日战争全面爆发，才于次年7月31日恢复了拘留二百四十三天的自由。《经历》《萍踪忆语》《展望》《读书偶译》就是在这个时候写成的。其后日寇侵陷南京，先生离家搬迁武汉，应聘为国民参政会参政员。从汉口至重庆，从第一届参政会第一次大会到第五次大会，先生前后共提九案，而其中三案，都是为了力争言论自由的：第一次《请具体规定检查书报标准并统一执行》；第二次《请撤销图书杂志原稿审查办法》；第三次《请改善审查搜查书报办法》。《请撤销原稿审查办法案》，提出于第一届参政会第三次大会。当时，先生在会场里，慷慨陈词，不亢不卑，而又曲折尽理，能使听者心折。因是，付表决的时候，连素来反对先生的，也有人不自觉地举起手来，遂得以大多数通过此案，诚为从来会场所未有，这足证先生的自信力和说服他人的力量之坚强。

民国三十年春间，第二届国民参政会将开第一次大会，先生是由国民党政府聘请连任的参政员，已经报到，忽于2月22、23等日，接连接到昆明、成都、桂林、曲江、贵阳等处电告，所有当时仅存的几处生活书店的分支店，也都遭受当地政府不约而同地封闭，经理、店员，非被拘即逃散！先生对此无理压迫，感到非常痛心，尤以自己艰难缔造的文化事业，横遭摧残到如此田地而不能自保，更何能保障他人？遂决意辞去参政员之职，离渝赴港。在港仍为民主抗战，奋斗不懈。不幸太平洋战争爆发，香港陷落，又避入内地，辗转迁徙。一年前，患中耳炎症，痛苦异常，经医生检视，认为是癌，至1944年7月

24日竟以此舍弃世界而去，年仅五十，诚可深悼！这在我中华民族，无论在政治上、文化上，都是一个重大损失！

先生长于理解而又富于情感，平时言动性格，确自有其与他人迥异的特点，请即引先生自己的话来做证明吧。第一是认真，他说："我自己做事，没有别的什么特长，凡是担任了一件事，我总是要认真，要负责，否则宁愿不干"；"可是我生性不做事则已，既做事就要尽力做得像样"。办《生活》周刊时，他说："我的妻有一次和我说笑话。她说，我看你恨不得要把床铺搬到办公室里面去。""我的工作当然偏重于编辑和著述方面。我不愿有一字或一句为我所不懂的，或为我所不称心的，就随便付排。校样亦完全由我一人看，看校样时的聚精会神，就和在写作的时候一样，因为我的目的是要使它没有一个错字。"在香港办《生活日报》时，他说："坐镇到版子铸好上机，然后放心走出印刷所的门口，东方已放射出鱼肚白了。我在筋疲力尽中好像和什么人吵了一夜的架。"这几段话描写出了他对于工作方面实践的精神。第二是性急，他在解释他为什么后来不干教员生活时说："一个是我的性太急，很容易生气，易于疾言厉色，事后往往懊悔，对于我自己的健康也有损害。我觉得我的忍耐性太缺乏。"他叙述在《时事新报》做事所得的观感中间，他称自己"我是个急性朋友"；他又在《韬奋自述》里面，说他自己"特征近视，特性性急，牛性发时容易得罪人"。诚然，依先生所说，性急也许是他的缺点，但也许就正是他的优点吧。第三是求知（虚怀），他说："十几年来，在舆论界困知勉行的我，时刻感念的是许多指导我的师友。"

又说："我个人是在且做且学，且学且做，做到这里，学到这里，除在前进的书报上求锁钥外，无时不惶惶然请益于师友，商讨于同志。"就因为能如此求知，所以他办的刊物能一期期地转变前进，他的精神和思想能一天天发皇和深入。第四是硬，他在少年求学时代，因为费用不够，同时又要担任家庭教师，常自称"硬汉教师"，并自己加以分析，说："只是好像生成了一副这样的性格，遇着当前的实际环境，觉得就应该这样做，否则便感觉得痛苦不堪。""觉得我并不是瞎硬，不是要争什么意气，只是要争我在职务上本分所应有的主权，不能容许任何方面无理的干涉或破坏"；后来毕业做事，他说："我对于自己的职务，不肯一丝一毫地撒烂污，但同时却不愿忍受任何不合理的侮辱。"到了他办《生活》周刊时，他说："我只知道周刊的内容应该怎样有精彩，不知道什么叫作情面，不知道什么叫作恩怨，不知其他的一切。""我们只要自己脚跟立得稳，诽谤诬蔑是不足畏的。"第五是光明磊落，他讲到他在政治上的态度时，说："我向来并未加入任何党派，我现在还是如此。"又说："我服务于言论界者十几年，当然有我的立场和主张。"我相信，先生的话当然不是信口而说的，绝对可以用他的一生言论和行动来作为最好的证明。

总之，韬奋先生不是一个普通的文化人，也不是一个有任何党派关系的人（按韬奋先生临终要求中国共产党中央追认入党，已为中央所接受。——原编者），并且也不能只是把他看作一个新闻记者。他是一直并永远站在中国人民大众的立场，面对着现实，有知识便寻求，有阻碍便解决，有黑暗便揭发，只问人民大众的需要和公意，不知自己一身的利害。就因为这样，牺牲一切，挥洒他的热血，倾注他的精诚，努力创办和支持他的二十年文化事业；就因为这样，决心参加救国行动，努力于民主运动；就因为这样，离开了他所几年安居的陪都；就因为这样，卒至不恤奔驰颠沛以迄于死。

（原载于1944年10月1日重庆《新华日报》第3版）

永远年轻的韬奋先生

茅 盾

初见韬奋先生总觉得他不过三十多岁，不但他的容貌使你有此感觉，他的言谈举止都表示他绝对不是饱经忧患的五十岁左右的人了。和他相处稍久，你便会觉得估量他有三十多岁也还太多，实在他好像只有二十来岁。比现在有些二十多岁的年轻人更为"年轻些"的一个中年以上的人。

有许多二十来岁的年轻人在言谈举止方面当然也有韬奋先生那种活泼和热情，至于容貌，不用说，自然会比不见老的韬奋先生更为"后生"，然而，恐怕未必能有韬奋先生那样的天真！对人的亲切、热情，对事的认真、踏实，想到任何应该办的事便马上去办，既办以后便用全副精神以求办得快、办得好，想到人世间一切黑暗和罪恶便愤激得坐立不定，看到了卑劣无耻残暴而又惯于说谎的小人，满嘴漂亮话而心事不堪一问的伪善者，便觉得难与其共戴一天——这些都是韬奋先生的永远令人敬仰之处，然而，我以为最可爱者仍是他那一点始终保持着的天真！

不计利害，不计成败，只知是与非，正与邪，有这样操守的人固不独韬奋一人，然而像韬奋那样一以天真出之，就我的寡陋见闻而言，尚未见有第二人。对于畏首畏尾的朋友，他有时会当面不客气地批评，这是他的天真。办一件事，有时会显得过于操切，这也是他的天真。为了忘记疲劳，会在噱头主义的歌舞影片之前消磨数十分钟而尽情大笑，这同样也是他的天真！或者有人以为这是他的盛德之玷，可是我觉得这正是他的可爱之处。我们现在太多了一些人情世故圆熟得像一个"太平宰相"似的年轻人！

由此可以想象到，要他在一个恶浊的社会中装聋作哑，会比要了他的生命还难过。他需要自由空气，要痛快地笑，痛快地哭，痛快地做事，痛快地说话。他这样做了，直到躺下，像马革裹尸的战士。虽然已经抱病，他奔赴他的岗位，贡献了他的力量，以至生命。

民族解放战争的阵营里损失一位伟大的战士，文化界陨落了一颗巨星。韬奋先生虽然离开了，然而这巨星陨落时的雷鸣似的震响将唤起千千万万人民的应声，长虹似的闪光将燃起千千万万人民的热血！无数青年人将永远把他当作自己的师友和长兄。

没有亲眼看见抗战的最后胜利，没有亲眼看见民主的新中国之长成，韬奋先生大概是死不瞑目的，然而我可断定他在弥留之际，心中是充满了信心的，比他向来所具的信心更为坚强的信心，因为他已经亲眼看见了人民力量的成长，已经用他自己的心和敌后坚持抗战的无数军民的血灌溉了民主政权的土壤。

（原载于1944年9月30日重庆《新民报》第3版）

邹韬奋的早年生活

沈粹缜　**口述**　陈敏之　**整理**

一、婚事

说起我和韬奋的这个婚事，得先说说我的"家世"。我的祖父是苏州的一个穷秀才，生了一个男孩和两个女孩。我的父亲名叫沈右衡，因为家境并不富裕，没有受多少教育，从小就在一个古董铺当学徒，他的专业是鉴别古玩的真伪。他生了五个子女,我是他的长女，我还有一个长兄和两个弟弟，一个妹妹。我生于1901年。在苏州，我和我的兄弟妹妹们一起在私塾读了四年书。那时虽然还是清朝统治时代,但是社会风气，尤其在江南一带，已经有了相当大的变化，女孩子也能和男孩子一起读书了。十岁这一年，大姑母把我带到了北京。我的大姑母名叫沈鹤一，她是一位老姑娘，终身没有结婚。从这时起一直到我独立工作生活为止，大姑母一直把我带在她身边，因此我也可以说是由大姑母抚养成长的。大姑母和二姑母都是专攻刺绣的（刺绣是一种工艺美术，现在的学校已经不再设有这样专门的学科），当时她们俩同在一个刺绣学校工作。我在北京继续读了三年小学之后，大姑母把我转到刺绣学校又学习了三年。那时虽然已经在辛亥革命以后，民国形式上已经建立起来多年，然而各派军阀互相争夺，战乱频仍，为了逃避战祸，我又随同姑母举家南迁，回到了苏州。几个月后，我的母亲不幸突然患伤寒症病故。

这时，张謇招聘我的两位姑母到南通公办女红传习所（刺绣学校），我父亲及全家人也一起搬到了南通。我在这个女红传习所又学习了三年，毕业以后，留在该校担任了两年助教。1921年，由杨卫玉先生担任校长的苏州女子职业学校到南通来招聘一位美术科主任，我应聘去了，这时我还是一个二十一岁的女孩子。这次去苏州，我当然不会知道以后的命运会把我带到和韬奋的结合。

五十多年以前的20世纪20年代，一个女孩子过了二十岁以后，亲属中间和周围一些怀有好心肠的人总不免会关心起你的"终身大事"，来向你"说媒"。我当然也不可避免，曾经有好几起向我介绍"对象"，亲属中甚至有主张我应当嫁一个殷实的"做生意"的人（即商人）。经过五四运动，虽然对吃人的封建礼教有过猛烈的冲击，但是女孩子对自己的婚姻毕竟不像现在这样可以自由地毫无顾忌地公开表达自己的观点、意愿，甚至在家庭中加以讨论。不过，我心中是有自己的主见的。也许因为我是出身于所谓"书香门第"，从小受到这样熏陶，觉得读书人清高，商人庸俗；宁愿清贫，不愿身染铜臭。因此，我是抱定宗旨不嫁商人的。

1925年，杨卫玉先生对于韬奋丧偶以后心情沉郁、生活无人照顾的景况极为同情，但是我不知道他怎么会想到把我介绍给韬奋的。不过，杨先生向我提起此事并大略介绍了韬奋的情况后，我默许了。我出身于封建家庭，然而对封建家庭中侍奉翁姑的一套繁文缛节，十分憎恶。我的默许，除了因为韬奋是个文人，身上没有铜臭外，还因为和他组织小家庭，可以完全摆脱封建礼节的束缚。这种精神枷锁，在当时正处于新旧交替的社会习惯中，一般是不容易彻底免除的。

韬奋和我第一次见面，不，应当说是韬奋第一次见到我，大概是经杨先生精心安排的，我事前毫无所知。有一次，我们正好去上海参观，而韬奋有事到昆山去，利用在火车站这短促的可能相遇的机会，让韬奋先见见我。这大概就是至今还未能完全免除的被称为"相亲"的一种举措，现在想起来当然十分可笑。此后不久，杨卫玉先生陪同韬奋到我工作的苏州女子职业学校和我第一次正式见面。见面的地点在学校的会议室，这时正是蝶飞莺啭、落英缤纷的江南暮春时节。

韬奋的感情是热烈的、专注的，对爱情也是如此，正像他后来对他毕生从事的革命文化事业一样。在第一次和我见面以后，他经常给我写信，后来几乎每周要给我写一两封信。他在爱情方面，不仅热情洋溢，而且也能体贴人，还很风趣。有一次，他用苏州方言给我写信，起初，佶屈聱牙地看不懂，不知道他写的是什么文字，后来读懂了，不禁使我哑然失笑。1925年7月，韬奋和我在苏州留园订了婚。

订婚，没有举行什么仪式，只有几个亲人在一起照了一张相，但是也还未能完全免俗，按照当时的习俗，交换了订婚戒指。

订婚以后，我们之间过往更密了。他每个星期必定来苏州看我，早车来，晚车走。以后，甚至周六晚上就来，借宿在旅馆，星期天可以和我盘桓一个整天。苏州园林多，能够提供游息的场所也多，这大约半年的恋爱生活，在韬奋一生中，是绝无仅有的，而在这种纯属私人的生活中，也同样反映出来了他的专注不二。

结婚的日子选定在1926年元旦。因为参加婚礼的韬奋的同学、同事比较多，借用了当时上海永安公司（现在的中百十店）楼上的大东酒家。韬奋为这次婚礼还给我买了一只镶嵌珠宝的手镯和一枝珠花，置办了一套家具。这花去了他一大笔钱，还借了债。手镯和珠花，在婚后不久当我知道韬奋为举办婚事欠了债时，就给我变卖了用来还了债，而债务也依靠我们撙节用度，在他每月薪水中节约一部分，很快陆续还清了，因为韬奋和我都不愿在债务的负担中去过心情不舒畅的日子。我在这里所以叙述这些生活中的琐细，不过是想真实地记录下来韬奋在走上革命道路以前，他像所有普通人一样，还不能摆脱当时旧的习俗和传统的某种程度的影响。我相信，今天的读者在了解了那个时候的历史背景，不至于苛求于当时的韬奋，也不至于误解我是为了宣扬它。我当然更相信，在相距五十多年以后的今天的青年一代，在从事新的长征的征途中，完全有可能自觉地摆脱一切旧的习俗和传统的影响。

婚后，原计划在苏州安家，为此，已经租下了房子，并且一切都已经布置好了。但是经过再三合计，为韬奋着想，即使每周在上海苏州间往返奔走一次，也要花费他一天甚至一天以上的时间，而时间对他来说比什么都珍贵，因此，最后毅然放弃原来在苏州安家的计划，辞去我在苏州女子职业学校每月六十元薪水（在当时来说，待遇不算菲薄）的职务，退掉已经租下的房子，改在上海安家。命运既然把我和韬奋结合在一起，从此以后，我和韬奋也就共着同一个命运了。

二、家庭生活

也就是结婚那一年，1926年下半年，韬奋接办《生活》周刊，担任主编。他多年来梦寐以求想成为一个新闻记者的愿望初步实现了，他可以按照他自己的路子，按照他自己设计的方案来办一个刊物，而不必听命于第三者的意旨了。

早期的《生活》周刊，正像大家所知道的，几乎是韬奋一个人在那里唱独角戏。"编剧"是他，"导演"是他，扮演各种"角色"的还是他；他用各种笔名写各种专栏文章，甚至连跑印刷所、校对都由他一个包办，他对这个刊物真可说像一个母亲对婴儿那样倾注了全部感情、心血和精力。

政治态度、思想倾向和他在社会上、在人民群众中间起着什么样的影响和影响的大小，永远是评价一个人、一个刊物的价值尺度。我不想在这里评价早期的《生活》周刊和韬奋，因为已经有人这样做了，而且做得很精当。我想指出的是：当时的韬奋纵然还没有摆脱资产阶级的思想影响，还没有从资产阶级营垒中杀出来，但是他的这种对工作认真负责、一丝不苟、精益求精，也就是讲求实际、不说空话、不图虚名的事业精神，即使在今天也仍然值得我们大家学习。

韬奋对待工作的一个显著的特点是：勤奋，不浪费一点时间。他的许多著译，都是利用晚间有限的时间完成的。不论著述或者翻译，每晚总要写二三千字，几乎成了他的习惯。

在日常生活上，韬奋没有任何嗜好，不喝酒，也不吸烟。现在已经记不起来是什么原因，曾经有过那么一次，听从某些朋友的劝说，学着抽烟，但是学了一阵，结果连手指怎么拿烟卷都没有学像样，当然更不必说学会抽烟了。他唯一的嗜好是读书。

他生活很有规律，爱好整洁。他对待工作的态度是严肃的，但是在家庭生活中，他却是一位说话风趣、喜欢逗人、和蔼可亲的人。自从有了孩子以后，每天晚饭之后他总要逗着孩子玩一阵才走进他的工作室。孩子长大一些了，对孩子的教育也很注意，比如平时吃饭、盛饭、添饭，他都要孩子们自己动手，不让滋长优越感。除了一日三餐，我不让孩子吃零食，也不赞同给孩子们零用钱，我主张对孩子严一些，可是他不同意我的意见，主张给孩子们一些零用钱，可以让他们随时买一些学习中需要的东西，说这样可以培养他们独立生活的习惯和能力。对孩子的学习他尤其注意。有一次，晚上回来，当他知道二儿嘉骝因为古文背不出来被老师责打而啼哭时，他不但不责怪孩子，反而认为这是老师的不对，连晚饭都没顾上吃，立刻到学校给老师提意见去了。在是非问题上他就是这样搁不住。星期天，他喜欢看看电影，但有些电影，就不带孩子们一起去，他是有选择的。对家庭也十分细心和体贴，晚上如果在外面有什么活动，不能回来吃晚饭，他总要打一个电话回来，免得家里等他和不放心。

如果说韬奋的笔杆子还有些能力，尤其在他后期和晚年，他曾经拿起笔杆子这唯一的武器向民族敌人和阶级敌人做过坚持不懈的斗争，因而给我们留下了不少著述，那么，在料理日常生活方面，他却表现得很差，甚至说相当"低能"，或者像茅盾所说的有些"天真"。和韬奋相处过，熟悉韬奋的朋友，都会感觉在这方面他天真得有点可笑。20年代到30年代初，市面上买东西，通用的还是铜板，可是韬奋不会数铜板。一般数铜板都是一五一十、五个五个地数，他只会一个一个地数。他也不会乘电车，不知道到什么地方该乘什么车，因此只好预先把乘人力车所需的车钱给他一一包好，免得他临时仓皇。现在回想起来，也许是我错了，在婚后长期的共同生活中，我对他不会料理自己的生活而感到不放心，把悉心为他料理一切看作是自己应尽的责任，这样也就越发增长了他的依赖程度。人是需要在实际生活中锻炼的。1941年12月8日，日本侵占香港，韬奋先我被迫流亡到东江纵队，经过那样艰苦生活的磨炼，他不但学会料理自己的生活，还帮助我到山溪中为孩子们洗衣服和做其他各种杂事，在这方面，他好像突然变得能干多了。

每月，韬奋领来薪水总是全数交给我。他把家事全部托付给我，并且给了我充分的信赖。而我，也以创设家庭的幸福生活，使他能把全副精力去从事他的工作没有后顾之忧，看作是自己的天职。我出生在清朝的末年，在民国初年军阀混战的局面中成长。我的青少年跨越了两个时代。我所受的教育，混杂了封建的和资产阶级改良主义的思想，它们不可能不在我身上打下烙印和留下痕迹，我除了在家庭生活方面，尽我所能使韬奋感到愉快、幸福、美满以外，对韬奋工作的内容和意义我并不太关心，我也没有想过要去做深入的了解。对这种单调的生活，偶尔我也感到寂寞、无聊。我曾经向韬奋提出过想去读英文，因为我对它还有点爱好。他却以半开玩笑的口吻对我说：如果将来一起出国，需要用到英文的话，我给你当翻译。他还对我说过，你就在家里把孩子带好吧。他并不认为我应当有一份职业或应当参与一些社会活动。

婚后的第二年是1927年，这一年在中国现代史上是一个重要的时刻。由周恩来同志亲自领导的上海工人第三次武装起义，"四一二"反革命政变，都是在上海这个舞台上演出的。接着国共分裂，轰轰烈烈的第一次大革命宣告失败；南昌起义、秋收起义、广州起义燃起的革命火焰，开始了历史的新的篇章。蒋介石以他可耻的背叛，在革命者的鲜血和尸骨上建立起他的法西斯王朝。然而所有这些，在当时的韬奋身上，似乎很难找到什么反响。

那时曾经来过我们家里的韬奋的朋友，无不交口称誉韬奋的家庭充满了和煦、温暖和幸福。时隔四五十年以后的现在，我当然懂得在这褒词之中也还含有其他更深一层的意思。不过，韬奋当时也许还以此引为自豪的哩！确实，那时的家庭，对韬奋来说，就好像一个美丽而平静的港湾，他安静地泊在那里，仍然按照他自己的路子，专注地孜孜不倦地从事着自己心爱的感兴趣的工作——编辑他的《生活》周刊，一直要到他自己摸索着前进的道路走不通的时候，尤其是九一八事变的炮声，才把他从原来狭隘的圈子中震惊过来。敌人的刺刀和铁蹄把他爱国主义的热情大大激发了起来。而从此以后，他驶出这个和煦平静的港湾，迎着风暴，一往直前，再也没有回头。

三、韬奋的幼年

一个人的家庭出身不能由自己决定，但是走什么样的道路，却完全可以由自己选择，这个唯物主义的观点也十分典型地体现在韬奋身上。

韬奋不仅出生在已经敲响了丧钟的我国封建社会的末代，而且生长在一个败落衰亡中的官宦世家。结婚以后，韬奋和我过的可说是那个时代典型的小资产阶级的小家庭生活，除了每月对他寓居在北京的父亲给以一定的经济资助外，和他父亲的家庭极少联系往来。韬奋平时也很少谈及他出身的家庭和他的过去。但是，正像鲁迅先生所说，谁没有童年？谁的童年没有穿过开裆裤，拖过鼻涕？因此，是用不着有任何忌讳的。相反，今天我在这里叙说韬奋的家庭和他的幼年时代，正足以使我们更具体、更深刻地认识像韬奋这样一个出身于封建官僚家庭、受过资产阶级的严格教育、诚实而有正义感的知识分子，是怎样摆脱原来出身的那个阶级的传统的羁绊，怎样逐步克服资产阶级教育对他的影响并接受共产主义世界观，终于成为一个忠诚的爱国主义、共产主义的战士。

韬奋的祖籍是江西余江，也就是毛主席读到《人民日报》上报道这个县消灭了血吸虫病，因而激发了他的诗思，"浮想联翩"，"欣然命笔"作了《送瘟神》这首脍炙人口的七律的那个地方。然而韬奋却是出生在福建长乐县，那是韬奋的祖父于清朝末期在这个县任知县。韬奋和他江西原籍几乎没有什么联系，在他一生中，只到余江老家去过一次，那是光绪三十四年（1908），韬奋十三岁。这一年，韬奋的祖父邹舒宇在老家余江病逝，韬奋的生母查氏也是这一年在福州去世，韬奋随他父亲扶枢回到了老家。余江老家对韬奋似乎并没有留下什么深刻的印象，在以后韬奋的著述中我们也没有发现有关这方面的痕迹。

说韬奋的家庭出身是"官宦世家"，也许有点过分，韬奋的祖父最高的官职确实曾做到延平府的知府，然而传说他幼年时曾由他母亲带着他一起讨过饭，他的三个弟弟也都是农民，都在家乡务农。韬奋的父亲长期在福州候补，想捕捉一个机会，谋个一官半职，可是，等了多少年好不容易，才在辛亥革命前夕，弄到了一个浦城盐大使的官职，这种官职属于佐杂一类，根本不列等级，是最起码的小官，可是，就是这样的小官，也只做了半年，因为爆发了辛亥革命，辛亥革命以后到北京，在北洋军阀政府的税务局中又继续做了几年科长。

封建时代的官场，不论大小官员，都得讲究一个官派。这种腐败的风气，在韬奋出身的那个家庭也有所反映，其中之一是置妾。比如，韬奋的祖父有一妻二妾；韬奋的父亲虽然经济上经常处在穷困之中，在福州候补时潦倒到要领取"仓米"（用现代话来说，即领取救济粮）来维持生计，但是一妻之外，也还置了二妾。因为这个缘故，韬奋的父辈和韬奋的这一辈，兄弟姊妹都很多。韬奋在他自己的著作中提到他的那个旧家庭时常常称之为大家族，就是指此。当然，在今天的新社会中，再也不会产生子女这样众多的大家庭，也不会存在像《红楼梦》中的探春因为是庶出而不认自己的生母为母亲那种奇特的不合情理的乖戾现象。

不过，我们今天生活在其中的这个崭新的先进的社会主义制度，离开它所脱胎而来的半封建半殖民地社会，在时间上毕竟距离并不遥远，还不到三十年，它必不可免地要残存下来许多旧的痕迹。我们从韬奋原来的名字"邹恩润"这三个字上就可以找到这种痕迹。韬奋和我都从来没有追溯过他的家族的祖先，更没有穷根究底地去考据过他的家族的谱系，但是，韬奋父辈的名字以及由韬奋的父亲命名的韬奋这一辈和韬奋的子女的名字，确实是按照邹家祖先在家谱中早就定下来的"国恩嘉庆"这四个字的次序来区别辈分，维系这个氏族的谱系的。封建制度在我国既然已经成为历史的陈迹，维系封建氏族的谱系解放以后自然也就中断，并且必将随着时间的流逝而湮灭、消亡。

为祖父奔丧和护送他母亲的灵柩回祖籍江西余江，韬奋在老家只停留了短暂的时间。之后，又随他父亲仍回到福州。这时，他父亲延聘了一位老师在家里办起了家塾，韬奋和他的弟妹，还有他的一位比他小两岁的小叔叔，一起在这个家塾中继续接受封建时代传统的启蒙教育，读的无非是"孟子见梁惠王"这一类在封建社会中奉为经典的四书五经，当然也免不了冬烘先生的戒尺的惩罚。有一天，家塾里的老师要韬奋的二弟恩泳背书，当时恩泳才九岁，他嘴里一股劲"唔唔"地发出哭声，眼睛里却露出惊恐的神情注视着地上。顺着他的目光低头一看，原来地上爬着一条五六寸长的蜈蚣。韬奋在旁，毫不犹豫地脱下脚上的鞋子，使劲拍打，几下就打死了。这时老师对韬奋说，你到厨房里去削一根两头尖的竹签。一头插入蜈蚣的头部，一头插入尾部，把它绷开晾干，可以做药。韬奋如法炮制，把打死的蜈蚣绷开晾好。到这天半夜里，不好了，韬奋的头部肿得像巴斗一样大，还发着高烧，和他一起同睡的小叔叔被他的呼痛声惊醒，立刻叫来了韬奋的爸爸，可是，这时正是半夜，无法请医生，只得先把家里常备的梅花点舌丹敷了，天明，请来医生，证实是中蜈蚣的毒了。经过半个月的医治才好。事后，他的小叔叔劝他，以后不要再打了，可是韬奋却不以为然，还说："再大，也要打，打死了，把它拿到厨房里烧成灰，决不能让它再去害第二个人。"这样的小事，在韬奋也许早已完全遗忘了，在他来说，不过做了一件平常的每一个人处在这种情况下都会这样做的事。不过，这件事对于现在还健在的八十多岁高龄的小叔叔却留下了长久的深刻的记忆，至今说来还是那样亲切。

宣统元年（1909），韬奋和他的小叔叔被送到福州工业学校去就读。这个学校设置预科和本科，预科三年，本科二年，本科分设电机和土木工程两科。学校设在离城十里的南台，韬奋和他的小叔叔同住一间宿舍。

在他小叔叔的记忆里，幼年时代的韬奋是一个长得漂亮、爱好整洁的少年，能写一手好字，功课经常名列第一。小叔叔的记性比韬奋好，功课则不如他。有时，小叔叔有什么题目做不出，去问韬奋，他总是严肃地对他的小叔叔说："叔叔，你要用心念书，你应当自己去好好想想，不要以为我会告诉你。"毫不因为他是叔叔而徇情。而他的小叔叔却常常要摆出做叔叔的架子，直呼韬奋的小名："书书，你看我做对了没有？"如果做对了，两个人会高兴得拥抱起来。

韬奋虽然经常考第一名，但并不倨傲，他常常鼓励他的小叔叔，对他说："叔叔，你应当赶过这个第二名。"他的小叔叔对此是不服气的，因为他知道这个第二名是靠夹带得到的，这算什么真本事，又有什么光彩。韬奋又进一步说服，对他说："我总没带夹带吧，你应当把我也打下去。"

韬奋和他的小叔叔住在学校里，每周回家一次。那时福州城里代步的交通工具有一种叫野轿的，这种轿，名虽为轿，实际上和四川流行的滑竿相类似。两根竹竿，中间用绳索绑起一只藤椅，不过多了一个顶，四周围以布幔，前面多一个布帘而已。从城里到学校，坐这种野轿，两个孩子坐一起，也不过两个毫子。星期六下午，学校没有课，不读书，从学校回家，韬奋和他的小叔叔经常是慢慢地步行回去，星期天回学校，家里照顾他们俩年岁还小，经常给一点钱，让他们坐这种野轿回校。但他们俩却常常宁愿走回去，用省下来的钱去吃一碗馄饨或包子之类的点心，因为平时他们没有条件做这种非分的享受，而福州的馄饨却是十分美味的。有时，也到离学校有里把路的茶亭中喝一杯茶，吃一点点心，做一番可心的休息。

韬奋对弟妹十分友爱，为人热诚真挚，正直不苟，不徇私情，对后进总是竭诚鼓励奖掖，这些品格，在幼年时代的韬奋身上，不是也可以看到它明晰的影子吗？

辛亥革命以后，韬奋的小叔叔回到江西余江老家，转到南昌继续读书，韬奋则到上海进了南洋公学。生活把这两个幼年时代在共同生活过的少年伴侣送上了不同的道路。

四、最初的足迹

时隔半个多世纪，现在来回顾20世纪20年代中叶我和韬奋刚结婚以后那几年，应当坦率自承，我是一个相当典型的贤妻良母型的妇女。我生在清朝末年，长在民国初年，我没有受过严格的封建教育，也没有受过近代资产阶级民主主义的洗礼；三从四德的封建礼教在我身上固然影响不深，妇女独立的意识也不强。我对我的婚姻是满意的，因为韬奋是一个有知识的正派人，身上也没有我所厌恶的那种铜臭味；经济生活虽然算不上富足，但也并不拮据。他信赖我，把经济权和家事全部托付给我；我感到美满和幸福，我觉得做好我丈夫的贤内助，操持好家事，抚养好孩子，使他在家庭中生活得更加舒适，能够把全部精力放到工作上而无后顾之忧，是我的天职。我们的家庭是温馨的，外面的风暴吹不到窗户里面来。而韬奋对于这样的家庭生活，显然也是感到愉快而满意的。

韬奋虽然是苦读书出身，但所受的却是典型的资产阶级教育，可是他又生为中国人，并且正处在中华民族和人民大众苦难的时代，所有这些，对于他的思想演变不能不产生强烈的影响。

中国的知识分子，即使在封建社会里，也可以分成两类。多数人把读书中举当作登龙术、敲门砖，一旦头戴乌纱帽，除了感激皇恩浩荡，为专制王朝的皇帝老子效忠外，免不了也要为自己效劳一番。"一任清知府，三千雪花银"，被认为是正当之举，不这样，又怎能显亲耀祖，衣锦荣归；"好风凭借力，送我上青云"，找个依附，作为升官的阶梯，这是当然之途。《红楼梦》中薛宝钗劝说贾宝玉要留心的所谓仕途经济，就是如此，这还是被视为读书人的正途的。至于那些丧尽廉耻，专靠胁肩谄笑、甘愿舐痔吮痈的丑类，又何时何处无之？不过也有一些穷苦读书人，因为家庭出身或平时生活接近下层，就是做了官，还能下察民情疾苦，敢于谏净，敢于为民请命的，也有一些看不惯人世间的种种污浊不平，愤世嫉俗，因而遁世隐名，或竟入了空门的。

生长在半封建半殖民地中国的现代知识分子，情况也差不多。要么依附于统治阶级，奔走于权贵之门，做了统治者的鹰犬、帮凶或帮闲；要么站在统治者的对立面，最后走上革命的道路；当然也有对统治者尚存幻想，然而并非前者；或者虽有爱国爱民之心，暂时还不愿、不敢站到统治者的对立面，但是演变的结果，最后仍脱离不了上面说的两种归宿。

现在且让我们按着韬奋的足迹，看看他走过来的轨迹。韬奋自己说过，他去南洋公学（即现在的上海交通大学的前身）读书，是因为他的父亲想把他造就成为工程师，可是韬奋志不在此，他的志趣是想当一名记者，因此，勉强在电机系读了两年之后，还是决心转到了圣约翰大学。大学毕业，在社会上已经工作了几年，仍然千方百计地想做一个记者。最后，接办《生活》周刊，算是实现了他的心愿，并且一直到死，成了他的终生职业。

我们知道，鲁迅和郭沫若早年都曾到日本学过医，可是最后又都改了行，从事新文化运动，在中国现代文化史上树立了不朽的业绩。读过鲁迅的《药》和《父亲的死》的，都会知道鲁迅在青年时代有慨于庸医杀人，才立志学习新的医学科学。以后发现做一个医生，充其量只能救个别的病人，远不如从事新文艺和新文化运动，能使千百万人民群众振聋发聩，从蒙昧无知的落后状态中醒悟过来。又毅然放弃了医学，以毕生的精力从事新文化运动。郭沫若的情况与此类似。

韬奋究竟为什么不愿做一个工程师而立志想当一名记者，据韬奋自述，是有位叫作远生（即黄远庸）的记者在《时报》上写的《北京通讯》使他"着了迷"，使他"佩服得很"，"常常羡慕他，希望自己将来也能做成那样一个新闻记者"，理由是："第一他的探访新闻的能力实在好"；"第二是他写得实在好"。探访新闻的能力好、写得好，都是属于技术性质的，因为这样两个理由居然对韬奋发生了这样巨大的魅力，实在不能令人信服。不过，韬奋还是向我们透露了他想当一个新闻记者的真实原因，因为接下去他说："我当时对于他的为人怎样完全不知道，但是在文字上认识了他，好像他就是我的一个极好的朋友。后来他因反对袁世凯称帝而冒险南下，我已在中学里，对于他的安危，简直时刻担心着，甚至有好几夜为着这件事睡不着。他离开上海赴美国，途中还写了好几篇短小精悍、充满着朝气的通讯登在《申报》上，是我生平最倾倒的佳作。我正切盼着他能继续写下去，不料他到旧金山的时候竟被暗杀，真使我悒郁不欢，好像死了我自己的一个好朋友。"读了这段文字，我们知道，真正使韬奋倾倒的是远生的为人，是他的反对袁世凯称帝，因此在他冒险南下的时候，就为他的安危担心，在他不幸被暗杀以后韬奋好像死了一个好朋友那样悒郁不欢。

值得注意的是，韬奋认为"自己宜于做一个新闻记者"，还是"在小学的最后一年就在心里决定了的"。韬奋离开小学是在1912年，正是辛亥革命的翌年，其时韬奋十八岁。从1912年心里就决定当新闻记者，到1926年接办《生活》周刊做成新闻记者，中间经过了十四年。在这十四年中，他曾有过两次重大的决定：一次是前面已经提到过的1919年从南洋公学转入圣约翰大学，从工科改读文科；另一次是在已经工作以后，宁愿摒弃待遇比较优厚的其他一切工作，去接办每月月薪只有六十元的《生活》周刊，而且还得一个人唱独角戏。韬奋自己虽然用极为平淡的语词叙述了这段经历，但我们还是可以体察到他为了达到自己的目的所做的努力。他后来终于从一个坚定的爱国主义者、彻底的民主主义者变为共产主义的战士，这绝不是偶然的。我们从他早年的活动和思想中不难找到这种线索。

（原载于1981年11月《文化史料》丛刊第2辑，略有删节）

韬奋夫人沈粹缜追叙往事

史慰慈

我们知道，韬奋先生生前尽瘁国事，不治生产，由于您的协助和鼓励，才使他能够无所顾虑地为他的事业而努力。

——周恩来

1949年9月12日周总理给韬奋夫人沈粹缜写了一封慰问信，信中深情地写道：在韬奋的笔下，培育了中国人民的觉醒和团结，促成了现在中国人民的胜利。韬奋先生的功业在中国人民心目中永垂不朽。信中还特意为韬奋夫人写下了本文开始的一段话。

这是周恩来对韬奋夫人最诚挚的赞许和评价。

确实，在韬奋光辉的一生中，始终蕴含着沈粹缜——一位妻子和母亲的默默奉献。

1991年5月，91岁高龄的沈粹缜，在上海她的居室里，向笔者追叙往事。老人具有惊人的记忆力，深沉的思念和详细的描述，把笔者带回到往昔的峥嵘岁月……

车站相会

1925年的春天，在上海北火车站，苏州女子职业中学的一群毕业班学生，在一位"小先生"的带领下，来到上海参观。"小先生"身材苗条，俊丽动人，那对明亮的眼睛里透出来的一股灵气，给人以神圣不可侵犯的感觉，她就是该校美术科主任沈粹缜。

就在这群学生的近旁，有位敦厚潇洒，戴着眼镜身穿西装的先生。他是要赶赴昆山演讲的。趁在车站逗留之际，由苏州女子职业中学校长杨卫玉陪同，专门来见这位"小先生"的，他就是邹韬奋。

谈起60多年前这一幕，沈粹缜老人带着会心的微笑风趣地说："车站相会，这是韬奋第一次见我，我可是蒙在鼓里，一点不知道的！"

这门亲事就是杨卫玉先生做的媒。杨先生也是黄炎培主办的中华职业教育社的负责人之一，与韬奋是同事。当时，韬奋丧偶一年多，很孤独，杨先生有心为他找个对象。"小先生"有德有才有貌，深受同事和学生的爱戴。在杨先生的心目中，韬奋和"小先生"可说天生的一对，于是，他自告奋勇当了月下老人。

与韬奋相识那年，沈粹缜已经25岁了，在旧社会，这年龄尚未出阁的女孩就被称作"老小姐"。当然，到沈家提亲的人是不少的，但是沈粹缜对终身大事却自有主见。

沈粹缜出身于"书香门第"。祖父是苏州的一个穷秀才，生有一男二女。由于穷，祖父常典当衣物。父亲沈右衡从小在一家古董店当学徒，专学古玩鉴别。他生有三男二女，沈粹缜排行第二，为长女。

沈粹缜的大姑母沈立，终身未婚。沈粹缜10岁那年，父母将她过继给大姑母当干女儿，随后跟大姑母到了北京，进京师蒙养院念书。二姑母沈寿，是我国近代杰出的刺绣艺术家。她绣的《意大利皇后爱丽娜像》在巴拿马赛会荣获大奖，姑父是晚清举人。大姑母、二姑母专攻刺绣，当时，由慈禧太后谕旨设立的农王商部绣工科，是所专门传授刺绣工艺的学校，二姑母就是绣工科的总教习。沈粹缜在蒙养院念了三年书，即转入绣工科专习刺绣。辛亥革命后，军阀混战，战乱频繁。著名实业家张謇特邀沈寿到南通办学。为了躲避战乱，两位姑母决定举家南迁，回到苏州。

1914年，张謇与沈寿正式创建南通女红传习所，沈寿任所长，沈立亦被聘为教师。此时，沈粹缜的母亲不幸病故，父亲便带着全家迁居南通，老人家就任南通博物苑主任，沈粹缜则进入女红传习所学习。

沈粹缜深受两位姑母的影响，从小酷爱刺绣，由于她天资聪颖，心灵手巧，对艺术的悟性高，在女红传习所经过正规学习刺绣、美术、书法等课程，很快入了门，较好地掌握了山水人物、翎毛花卉的绘图与绣工技法。素有"神针"之称的沈寿，很喜欢这位侄女，在教学中对她要求极为严格，从不马虎、迁就。这不仅有助于沈粹缜对工艺美术的钻研和提高，也培养了她凡事严肃认真、一丝不苟的良好作风。

得艺术大师沈寿的嫡传，沈粹缜在刺绣工艺上有一定成就。当年，张謇书写的一首七言诗，笔法饱满圆润，酣畅淋漓，诗的全文是；"志在新奇无定则，古瘦漓骊半无墨。醉来信手写三行，醒后欲书书不得。"沈粹缜很喜欢这幅书法作品，便下功夫一针针一线线绣起来，为突出原作的神韵，在最细的笔锋处，她用头发丝精心绣制，使之成为一幅精品。

在女红传习所学习三年，毕业后沈粹缜留在所里当助教。1921年，苏州女子职业中学到南通指名招聘沈粹缜为该校美术科主任，她欣然应聘，时年仅21岁，这就是她被学生们称为"小先生"的由来。

韬奋在上海北火车站见到的这位"小先生"，就是这样一位具有良好教养、温文尔雅、相貌出众的才女。

相知相爱

韬奋在车站见过沈粹缜后，又由杨卫玉陪同到苏州女子职业中学和沈缜粹正式会面。这时，正是蝶飞莺啭、落英缤纷的江南暮春时节。

也许是这种缘分，也许是某种共同的气质，沈粹缜与这位戴眼镜的先生虽是初识，却在内心升起一股异常甜美的感情。对韬奋来说，则已是满怀喜悦，他伸出双手，准备迎接"小先生"走进他的生活。

韬奋以无比炽热和专注的感情，开始与沈粹缜交往。他几乎每周给她写上一两封信，倾吐自己的心曲。一次，他有意用苏州方言写信，沈粹缜怎么也看不懂，后来索性逐字逐句读起来，才哑然失笑，原来是地道的苏州吴语。她深为韬奋的风趣和幽默所打动。

每当周末，韬奋总是匆匆赶到苏州，在旅馆过宿，翌日返回上海。这宝贵的一天，他们沉醉在姑苏秀丽的景色中，彼此畅叙往事——他们都在十三四岁就失去母爱，并经历了就学就业的波折……

韬奋出生在一个没落的官僚家庭，青少年时期就读于上海南洋中学。进入大学攻读电机科时，家中已无法为他提供学费。当他转入兴趣所在的圣约翰大学文科后，更时时为交付学费而苦恼，每年暑假都得当苦工，或靠卖稿、当家庭教师及朋友帮助来积攒学费。在这所有名的贵族化大学里，学生大多西装革履，冬天人家穿上了厚实的大衣，他却仍穿着夹衣苦熬。韬奋虽不自馁，但所受刺激却很深。大学毕业后，他开始在工厂、交易所、学校当英文秘书和教师，所得工资几乎大部分用来归还念书时所欠的学费。1922年，他有机会进入中华职业教育社任编辑主任，终于接触了他爱好的编辑工作，经过深入调查，他以无比的勤奋编著出一系列职业教育丛书。这些书都用"邹恩润"署名。

浓烈的感情，来自理解。沈粹缜十分敬慕韬奋的自立奋斗、苦学成才的精神，甘愿与他过一辈子清贫的日子。

1925年7月，韬奋和沈粹缜订婚了。结婚的日子选定在1926年元旦，由于韬奋的同学、同事较多，婚礼借用在上海永安公司楼上的大东酒家举行。结婚那天，韬奋异常快乐，已届而立之年的他，风度翩翩，风华正茂，充满着对未来的热烈追求与自信，沈粹缜则穿着一身血牙红的衣裙，胸前别了一枝小小的珠花，楚楚动人。命运把这一对年轻有为的青年紧紧地结合在一起了。

共度人生

婚后的头八年，是沈粹缜和韬奋结合整整十八年中最为平稳、最为温馨的八年，也是韬奋在事业上飞速发展、硕果累累的八年。

沈粹缜以女性特有的温和、贤淑给韬奋以无微不至的关怀与爱。结婚之后，他们住在上海辣斐德路（现复兴路）仁裕里18号。原计划在苏州安家，且已租下房子，可是为韬奋着想，沈粹缜毅然辞去苏州女子职业中学每月60元优厚俸薪的工作，来上海安家。

1926年10月间，韬奋接编《生活》周刊，这是他正式从事新闻出版事业的开始。周刊从发行二千余份猛增到十多万份，在社会上有着极大影响，为此韬奋曾经历了无数艰辛，耗费了大量的心血。

是沈粹缜全力支持了他，独个儿挑起了家庭的担子，让他无后顾之忧地全身心投入到事业中去。韬奋操办婚事时，给新娘添置了一只手镯和一枝珠花，为此借了债。婚后，沈粹缜得知此事，毫不犹豫地把手镯、珠花变卖了还债，平时她樽节用度，每月还在韬奋薪水中节约一部分钱，很快还清了全部债务。同时，她用自己工作时积攒的钱，购置了一套柚木家具和必要的生活用品，把小家庭安置得井井有条。

工作多年的沈粹缜，一旦离开工作，离开了她热爱的学生，当起家庭妇女，她苦闷过。要不是这门婚事，她也许能成为二姑母沈寿式的人物。她对学外语也很感兴趣，曾向韬奋提出要学习英语，韬奋却以半开玩笑的口吻回答："如果将来一起出国，需要用到英语时，我给你当翻译。"为了韬奋，她做出了牺牲。

在生活中韬奋的确离不开沈粹缜。韬奋在从事新闻出版事业中，充分显示出他的精干、严谨、有条理，然而在日常生活中，常常又显得幼稚、可笑、心不在焉。周总理曾经说过："韬奋尽瘁国事，不治生产。""不治生产"正是指他不善料理生活的一面。

正因为如此，韬奋对妻子寄予无限的信任，他亲切而又幽默地称妻子为"财政部长"。每月他一领到薪水，就立即原封不动地交给"财政部长"；韬奋刚到《生活》周刊时，连他总共只有两个半职员，他主持全部工作，每月拿60元，当时确实不算少。但是，家里添人进口的，还要给老父亲寄一些，因此日子还是紧紧巴巴的。沈粹缜拿到薪水，就把一个月必要的开支，一笔笔包好，分开放在信封里，余下的才给孩子买饼干吃。

在家庭开支中，沈粹缜很会调排，既吃好，又省钱。韬奋吃东西不挑剔，就爱喝汤，特别是牛肉汤，家里就经常买点牛肉、骨头一起炖，放上洋葱、土豆、西红柿，做成罗宋汤。每逢烧了鲫鱼塞肉这样的好菜，她总是留给韬奋和孩子，自己只吃些咸菜。老人至今还保持每餐要吃一点酱菜的习惯。韬奋子女1985年在北京探望邓颖超时，邓妈妈曾兴致勃勃地和他们叙谈起1946年她受总理之托，去探望他们母子的往事。邓妈妈还饶有兴味地说，你们母亲做的红烧肉真好吃。

对这次相聚，沈粹缜也记忆犹新。她说，就在那一次，在邓大姊的启发下，她参加了救国会。

沈粹缜对韬奋所从事的新闻出版事业是完全陌生的。她细心地熟悉着韬奋的生活规律和节奏：韬奋忙碌一天回家，手提包里总塞满了稿件、书信。每当晚饭之后，他便开始处理案头的一堆读者来信。此外，他还要利用晚上的时间，做一些翻译工作。这既是爱好，又是生活的需要，翻译可增加一些收入，补贴家用。沈粹缜见他这样辛苦，怕影响他的健康，便规定每晚以译二千字为限。韬奋工作时，沈粹缜从不打扰他，每当看到他疲倦时，便递上一杯清茶，自己就坐在书桌旁，凑在灯光下看一看韬奋译作的内容。一次，她发现译文中有些句子冗长、累赘，就对韬奋说："你译的句子长了，读者看起来吃力得很。"韬奋惊喜地说："你倒蛮厉害的，看得出问题。"韬奋对妻子这位第一读者的意见十分重视，不禁连连点头，心中称快，动笔改了起来。

有时，韬奋会把处理读者来信中的感人的事情，讲给沈粹缜听，让她分享自己的欣慰。一次，昆明的一个女青年来信，诉说自己在生活和爱情中的不幸遭际，萌生了自杀的念头。韬奋接读此信，心急如焚，当即给这一弱女子写了一封长信，鼓励她勇敢地生活下去。这个女青年终于从编辑部充满挚情的信中，得到了指导和温暖，重新鼓起生活的勇气。沈粹缜听了很感动，也越发体会到韬奋工作的价值和意义。

逢到星期天，沈粹缜总要让忙碌了一周的丈夫有休息的机会。韬奋喜欢音乐，爱跳舞，她就把家里的老式留声机打开，放广东音乐唱片，韬奋兴致来了，也会一个人抱起椅子，口里哼着曲调，快步地旋转起来，或两个人到戏院看外国电影，有的苏联片子还要重复看上一遍。这样的忙中作乐，使家庭生活充满情趣。

小生命的诞生

在这个温馨的家庭中，最值得庆幸的是，他们有三个可爱的孩子。

谈起孩子，老人非常快乐，说起了一件有趣的事：那是1926年，她怀第一个孩子大宝（邹嘉骅，现名邹家华）的时候，曾做了个梦：一个美丽的观音菩萨，飘然耸立在云端，手指着地面的一个小孩，微笑着说："给你做儿子。"她不信神，可她欣喜地感到这预示着吉祥。大宝的生日是阴历八月二十七日，又恰与孔子同月日，无疑是个巧合。她心里暗暗期盼着儿子也能成为知书达理的有出息的人。

孩子出世，使小家庭顿时变得热闹非凡。第一次当起爸爸的韬奋，说不出有多高兴，每天从办公室回来，第一件事就是要亲亲儿子。照料婴儿他当然外行，但还是忙手忙脚地想帮点忙，每当儿子吃完奶，他就赶忙把儿子抱过来，让小脑袋扑在自己的肩头，然后，用手轻轻地拍着儿子的背，这一手做得很利索，还能说出一番道理：孩子吃奶时容易进入空气，在背上拍拍把气排出，就不会吐奶了。这点书本上的知识，经过实践果然奏效，为此他很得意。

三年后，二宝（邹嘉骊，现名邹竞蒙）出世了。那时，他们已搬到玉振里5号，房子小了，减少了房租开支，韬奋上下班也更近些。一年后，他们再次搬了家，老三小妹（邹嘉骊，现名邹加力）就出生在吕班路（现重庆路）万宜坊。

老人深情地说："韬奋是个好爸爸。"他特别会逗孩子，一次，女儿不知为什么，趴在地上哭个不停，劝也劝不好，当爸爸的索性也伏在地板上陪她假哭，直到女儿破涕为笑。孩子渐渐长大，怎样教育孩子，做父母的有不同的看法，母亲主张严，不给孩子零花钱；韬奋不同意这种做法，主张适当给孩子一些零用钱，由他们自己安排，以培养孩子独立生活的能力。韬奋只打过一次孩子，那是沈粹缜生小妹的时候，还在月子里，身体虚弱，调皮的二宝把妈妈的肚子压痛了，韬奋见状便打了二宝两记手心。这件事一直搁在他心里，十分后悔，也对妻子说，自己对不起孩子，这是一种野蛮的教育方法，今后决不再触孩子一指……

港湾不再平静

家庭对于韬奋，就像一个平静的港湾，他安稳地泊在那里，从事着心爱的工作。然而，在国民党反动暴政的统治下，韬奋的爱国言论与行动，屡屡遭到了反动营垒的迫害。从此，韬奋数度流亡、一次入狱，港湾不再平静。温良忠厚的沈粹缜，以女性难能可贵的韧性，分担他的愁苦，全力地支持他去冲破黑暗，渡过难关。

谈起那艰辛的往事，老人几次微微抽泣，淌下激动的泪水。

那是1933年6月18日，韬奋加入中国民权保障同盟后，同盟的秘书长杨杏佛被国民党特务暗杀，白色恐怖笼罩着整个上海，韬奋经常被特务盯梢，沈粹缜忧心忡忡。当时，韬奋每天上下班要四次往返于法国公园（现复兴公园），夜晚，浓密的法国梧桐几乎遮盖了整条马路，是极易出事的地方。朋友们也都替韬奋的安全担心，劝他暂时躲避。韬奋被迫做出环行全球的决定。这需要一笔钱，沈缜粹千方百计为之筹措，终于相约了十位好友，凑了一个"会"，每人出大洋二百元，共计两千元，这笔钱以后可以陆续分期归还。沈粹缜为他出国行装做了周详的安置，也为他不善照料自己万分不安。

韬奋远涉重洋，沈粹缜枨触万端，八年的朝夕相处，这还是第一次离别，大宝才进小学，小妹只有3岁，但为了韬奋的前途与安全，她默默地挑起家庭重担。那时，家庭的生活费用，按月由生活书店支付，书店的同人十分关心韬奋一家，月酬180元，不算少，沈粹缜每次拿到钱，就立即给住在北京的公公寄去40元，逢年过节再多寄一些，作为意外之用，孩子小，随时都会有个病痛，大宝身体弱，经常发烧，高烧时就要抽风，做母亲的总是担惊受怕。

韬奋惦念着妻子，出国后每到一处，就频频来信，信中还写上他在外国的所见所闻，对白种人欺侮黑人尤为气愤。沈粹缜把每封信都念给大宝听，二宝、小妹虽还不懂事，但知道爸爸来信了，都高兴得围着妈妈转。为了让韬奋在国外安心，沈粹缜特意把三个孩子打扮得整整齐齐、漂漂亮亮的，到照相馆拍了一张照片，给韬奋寄去。

韬奋出国两年里，夫妻间书信往来竟达一百多封。1938年，沈粹缜离开上海时，把这些信件寄放在她的一个学生家。1941年日本侵占上海后，这些珍贵的信件被烧毁了，真是十分可惜。

1935年8月，韬奋回到祖国。夫妻久别重逢，格外高兴。转眼两年，三个孩子都长高了一头。对一个归来的游子，家人显得格外温暖。他们谁都舍不得离开这个家。韬奋回国后，立即创办了《大众生活》，热烈支持党领导下的北平"一二·九"学生运动，批判"攘外必先安内"等卖国谬论。蒋介石派特务头子张道藩、刘健群找韬奋谈话，进行威胁，又派杜月笙把韬奋骗去南京，韬奋断然拒绝了。一时韬奋又处在危险之中。沈粹缜亲自去找杜重远夫人请求帮助，当时杜重远因"新生"事件，尚被囚在狱中，杜宅无人居住，杜夫人一口答应让韬奋暂避他家。不久，韬奋在友人的帮助下去了香港。

此后，沈粹缜也带着孩子前往香港，这是她第一次出远门。在香港，沈粹缜人地两生，语言不通，生活中有诸多不便，但她无半点怨言。

1936年8月，韬奋亲手创办的《生活日报》，因发行、经费等种种原因自动停办了，而当时国内时局势有了新的变化，救亡运动需要韬奋等回到上海，韬奋全家又回到了上海。

1936年11月，轰动全国的七君子事件发生。韬奋与救国会的其他六人，以危害民国罪被国民党反动当局逮捕。韬奋是在他的住处辣斐德路601弄4号，被法国巡捕房和国民党上海市政府警察局的人强行逮走的。匆忙中，沈粹缜异常敏捷地取出几件衣服让丈夫加上。临行时，韬奋安慰妻子不要着急，看护好孩子，并轻声告诉她赶紧用电话告知几位朋友。韬奋被逮走后，沈粹缜从惊乱中清醒过来，赶忙拿起电话给韬奋挚友们送去音信。

1937年7月，带着孩子到苏州探监的沈粹缜，初次见到了为营救七君子而自请入狱的孙夫人，孙夫人面对首席检察官大义凛然的话语，深深地震撼了沈粹缜的心，使她将视野从温馨的小家庭，转向抗日救亡的大天地。

颠沛流离

1937年11月23日，韬奋与家人于上海沦陷后离开上海，先后到达重庆。物质条件的艰苦并没有使韬奋和沈粹缜沮丧，使他们顾虑的却是生活书店屡遭国民党反动统治的扼杀。皖南事变后，生活书店的桂、筑、蓉、昆四个分店相继被封，韬奋气愤至极。时值国民参政会第二届二次会议召开前夕，他决计辞去国民参政员的职务，并于2月26日，出走香港。韬奋走后三四天，家里就来了两个国民党特务，向沈粹缜查问韬奋的去处，沈粹缜冷静应付："他这次是激于气愤出走的，我也不知道他的去处！"特务纠缠了好久，终不得要领。过了两天，他们又来查问。不几天，国民党稽查处的一个姓朱的小头目又来纠缠，并狡黠地说："邹太太不要走，我们会把韬奋先生找回来的。"

沈粹缜深感形势越来越险恶，她考虑再三决定离开重庆。但是，要带着三个孩子脱离虎口，真是难上加难，因为特务已经监视着他们的行动。当时和韬奋一家同住的房东邹太太（胡葵女士），为人敦厚，邹先生经商，也是个热心人，两人相处甚好。他们的女儿邹承颐活泼可爱，沈粹缜很喜欢她，就认承颐为干女儿；儿子邹承鲁（现为全国政协委员，中科院学部委员）又与太宝是重庆南开中学的同窗好友。在这危急的情况下，沈粹缜就悄悄地和邹太太商量如何逃脱虎口。当时，重庆三天两头遭敌人轰炸，平时每次逃警报两家都是避在一个防空洞里。她们合计着乘逃警报的机会，把必须带走的东西，由邹太太帮助，一批批转到生活书店集中，经过几番周折，她们终于把东西陆续运出了家门。母子四人聚集到一起，由生活书店派曹吾同志护送脱离险境。于1941年6月抵达香港。

同年12月8日，太平洋战争爆发，一场突如其来的战火又将韬奋全家卷入灾难之中。为了韬奋的安全，朋友们都劝他暂时和妻儿分开。韬奋感到于心难忍。但朋友都劝他："不可为私情所累！"韬奋思索再三，不得不把实情告诉妻子。说到此处，当时的情景仿佛又呈现在老人眼前，她十分激动，语不成声。

一种生死离别的气氛紧紧包围着他俩。韬奋禁不住伏在妻的肩上哭了起来："粹缜，三个孩子就交给你了。""你尽管放心，不要记挂家里的事情……"沈粹缜安慰道。韬奋随手掏出廖承志给的一百元美金，交给沈粹缜作为生活费，并一再嘱咐："如果我们不能见面，就去找廖承志。"临行时韬奋穿上唐装，沈粹缜特意把一支笔、一副眼镜和一些钱缝在他贴身穿的背心里，千叮万嘱，要他穿上后不要随便脱下……

韬奋由人带着偷渡到九龙一个埠头，他被搀扶上了一条船。在这里碰到了许多熟朋友，他发现茅盾和夫人在一起走，不胜惊异，连声说："沈太太，你真勇敢！"这时，他顿时想起了自己的妻子儿女，勾起了深深的思念，喃喃自语："粹缜和小囡还是随后走吧，小囡恐怕吃不消。"茅盾连忙对他说："如果我们带着孩子，大概也要分两次走的。"

1942年1月9日，韬奋与许多文化界的朋友，经过党组织的周密安排，终于脱离虎口，来到东江游击区。

韬奋走后，地方党组织先把沈粹缜和三个孩子，送到黄冠芳同志住处。3月间，港九局势渐渐平稳，党组织派了短枪队把他们母子四人送到西贡，再由护航队送到惠阳大队大队长彭沃同志处，然后，转送到白石龙附近的阳台山区。

兵荒马乱中，沈粹缜拖着三个孩子踏上征途。他们跟随护送人员，拥挤在上万去内地的人流中。在九龙与内地的交界处，沈粹缜牵着小妹，怀里抱着两条毛毯，随着人群走到出口，突然，一个日军指使伪警察从她手中抢走了两条毛毯。趁日军不备，她不顾一切冲上前去，豁出命去从伪警手中夺回了一条毛毯。这毛毯是孩子们唯一御寒的物品，无论如何也要保住它。

越过深圳，到了三不管地带，他们跟着护送人员，每天步行百余里，走了三天。当时，大宝不过十五岁，而二宝、小妹也只不过十岁出头，他们跟着大人徒步在崎岖山道上，几经辗转跋涉，终于来到群山环抱，松荫掩映下的白石龙村——东江抗日游击纵队司令部驻地。

聚首的幸福还未填平分离的苦楚，意外的消息又猛然来临，东江纵队司令部得到中共中央南方局电报，国民党反动派已密令通缉韬奋，并指令"一经发现，就地惩办"。为了安全起见，党组织征得韬奋的同意，又派人把沈粹缜和三个孩子送往桂林。

沈粹缜和孩子们住在桂林市郊马街一幢用竹子搭建的陋房里。大宝、二宝睡里屋，母亲与小妹睡外间，大雨天，屋内漏水，母女二人得撑着一把伞睡觉。房里连烧饭的地方也没有，只得架起三块砖当灶头，每做一顿饭，浓烟都把人熏得直流眼泪。

他们按月得到由张友渔夫人韩幽桐送来的一笔生活费。当时沈粹缜还不知道这是党对他们大家的关怀。但是这笔钱真是雪中送炭，她非常感激朋友的恩情，精打细算地支用每一分钱。在艰苦中度日，孩子也变得懂事了。

诀别

韬奋与家人分手后，在党的精心安排下，辗转来到了心向往之的苏北根据地。此时，病魔严重地困扰着他的身躯。为了抢救韬奋垂危的生命，党派人悄悄护送他回上海进行治疗。

沈粹缜得知这消息后，先让大宝回上海照料父亲，又把二宝和小妹托付给生活书店的同志，自己匆匆赶回上海，由陈同生同志把她接到为韬奋秘密治疗的医院。在极端险恶的环境下，地下党的同志和韬奋的亲人们竭尽全力，想方设法为韬奋治疗、护理。

在为韬奋治疗过程中先后转移了五个医院，为避免让敌人发现，生活书店的毕青同志腾出家里的亭子间，把韬奋又从医院接到他家。酷暑的上海，亭子间就像蒸笼一样，在极其困难的条件下，沈粹缜苦苦地守在韬奋的身边，还学会了打针，亲自为丈夫注射"杜冷丁"，以解除他的剧痛，还不时要把他从这张床抱移到另张床上，以便散散热气。

1944年7月24日，伟大的爱国者韬奋不幸与世长辞了，病魔夺去了他光辉而又短暂的生命。

沈粹缜用自己的心和血凝聚的深沉的爱，送走了相依为命的丈夫，在她心中永远铭刻着的则是丈夫留下的临终遗言。她肩负着抚养和教育孩子的重任，使他们成为有用之才，"俾可贡献于伟大的革命事业"，而她自己将走出家庭的圈子，"参加社会工作"，尽心尽力去实现韬奋的愿望。

将近半个世纪过去了，韬奋留下的三个孩子，没有辜负父亲的希望，都成了国家的有用之才。而沈粹缜也自韬奋去世后，开始长期从事儿童福利事业，中华人民共和国成立后曾担任上海市妇联副主任，中福会秘书长，全国政协委员，从一个贤妻良母成为中共党员。

"把孩子交给党"

韬奋去世后，反动当局对沈粹缜母子四人依然虎视眈眈，不肯放过。沈粹缜粹担心着自己的孩子们，这时的大宝嘉骅已是一个十七八岁的青年。母亲多么希望大儿子常在自己的身边啊，可是她不能不想到儿子的前途和安全。于是，1944年冬，当徐雪寒从苏北解放区来到上海谨记桥时，她将嘉骅托付给他，请他从速把儿子带到苏北新四军驻地——韬奋生前热切向往的地方。

老人说："当时，我只知道共产党好，把儿子交给党，我放心，我没有舍不得的！"

沈粹缜果断的抉择，为儿子开创了一条走向革命的广阔大道。儿子的成就使母亲感到安慰，她一再深情地说："是党培养了我的儿子。"

二宝嘉骝（现名竞蒙），在母亲和兄妹分别回上海后，独自留在桂林。1944年湘桂撤退时他随生活书店的同志一道到了重庆。周恩来和沈衡老把嘉骝作为王若飞的小警卫员带到延安，学习气象。1947年2月3日，邓颖超曾给沈粹缜写过一封信，署名为"知名"，这封信字迹极小，塞在一支笔管里，由叶剑英带到当时的北平军调部，再由陆璀交给沈粹缜。信中写道："缜姊……我已两次看见了骝，他长得清秀健康，体（高）已超过我。……你一切可放心，你所嘱，当遵命，不负所托。"这封信给沈粹缜带来莫大安慰，也使她深深感到党的关怀和温暖。

现在嘉骝已是一位气象专家了，他不仅担负着中央气象局局长的职务，还在1991年5月召开的世界气象组织第十一次大会上，再次当选为世界气象组织主席。

小妹嘉骊，一直伴随在母亲身边。嘉骊秉承父亲敦厚的性格和爱好文学的天赋，自学成才。近年来，她为研究韬奋提供了比较系统的史料。她现在是中国韬奋基金会常务秘书长，韬奋著作编辑部负责人。

如今老人的三个孩子都已年过花甲，儿孙绕膝。可每当嘉骅、嘉骝从北京来到上海探望母亲时，仍像孩子般地坐在妈妈床边，拉着妈妈的手，有说有笑，时而端着碗给妈妈一口一口喂饭，时而给妈妈剪手指甲。如此亲切，难怪做母亲的谈起自己的儿女时，总是欣喜得合不拢嘴。在儿女们成长的过程中，凝聚着韬奋和沈粹缜的心血，而在儿女们孩提时代的记忆里，永远和父亲的几度流亡、母亲的含辛茹苦和担惊受怕融合在一起。对母亲的爱深深地铭刻在他们的心中。

（原载于1993年《人物》杂志第5期）

杜重远和韬奋的友谊

沈粹缜

　　杜先生原是韬奋主编的《生活》周刊的热心读者，1931年6月他来上海，找过韬奋，初次相识，谈得很融洽，韬奋赞扬他办实业的爱国精神。九一八事变发生，杜先生流亡关内，到上海寻找抗日救亡的出路，又访问了韬奋。他们很快成为知己和亲密的战友。

　　1933年年底，《生活》周刊因刊载同情福建人民政府事变的文章，被反动派查禁。当时韬奋流亡国外，杜先生利用他当时与国民党上层人物的关系，办起了《新生》周刊。关于这件事，韬奋在《患难余生记》中写有这样一段话："这好像我手上撑着的火炬被迫放下，同时即有一位好友不畏环境的艰苦而抢前一步，重新把这火炬撑着，继续在黑暗中燃着向前迈进。"

　　1935年5月，《新生》周刊因登载《闲话皇帝》一文被查封，杜先生被捕入狱。7月间，韬奋在美国芝加哥《论坛报》上看到"新生事件"的发生及杜先生含冤入狱的消息，抑制不住悲愤，当即发电报慰问，并提前归国。8月间韬奋回到上海，船一靠岸，我们还来不及讲话，他就交出行李，雇了一辆出租汽车到漕河泾监狱探望杜先生。韬奋自述会见时的情景："刚踏进他的门槛，已不胜悲感，两行热泪往下直滚，话在喉里都不大说得出来!"又说："我受他这样感动，倒不是仅由于我们友谊的笃厚，却是由于他的为公众牺牲的精神。"

1935年，韬奋创办了《大众生活》，以大量篇幅报道了党领导下的北平"一二·九"爱国学生运动，同时批判"攘外必先安内"等种种卖国的谬论。正义的舆论使反动当局感到震惊、忌恨，迫害接踵而至。

国民党派人来找韬奋谈话，对他进行威胁，妄图压制韬奋的抗日救国呼声。又用欺骗手段，想把韬奋骗去南京，言下之意，如果拒绝，继续在上海住下去，安全就不一定有保障。朋友们和读者也纷纷向韬奋报告刊物将被查封，韬奋也将被拘捕或遭陷害。种种迹象表明蒋介石蓄意迫害，上海是待不下去了。但是转移到哪里去呢? 经过商量，认为住到杜先生家里比较稳妥。因为外界都知道杜先生尚在狱中，杜夫人为了便于照顾杜先生，住在离监狱较近的一个庙里，家里无人。再则杜家在金神父路（今瑞金二路）和新村八号，离我们住的吕班路（今重庆南路）万宜坊比较近，韬奋隐藏在那里，我照应起来也方便。我去找了杜夫人，杜夫人一口答应，还说她家里的东西随我们使用。

这是1936年年初的事。春寒料峭，一天晚上，夜深人静，韬奋换上一件中式咖啡色厚呢长袍，带了盥洗用品，我拿着电筒一起来到安和新村。周围邻居都已入梦，我们靠电筒的一束微弱的光进了杜家。从此韬奋在杜家避难，我每天安排好家务，到傍晚避开人们的视线，带上饭菜和韬奋需要的书报，去安和新村八号。有时白天也在那里陪他。房间里厚厚的深色窗帘日夜拉得紧紧的，人们不会想到这个空房子里还隐藏着一位抗日救国的战士。住了不到一个月，韬奋即去香港。回忆这段往事，深感在患难中杜先生一家给予我们的支持和友谊是十分珍贵的。

（原载于1984年2月上海《统战工作史料选辑》第3辑）

韬奋的最后

郑振铎

韬奋的身体很衰弱，但他的精神却无比踔厉。他自香港撤退，历尽了艰辛，方才到了广东东江一带地区。在那里住了一段时间，还想向内地走。但听到一种不利于他的消息，只好改道到别的地方去。天苍苍，地茫茫，自由的祖国，难道竟摈绝着他这样一位为祖国的自由而奋斗的子孙吗？

他在这个时候，开始感觉到耳内作痛，头颅的一边也在隐隐作痛。但并不以为严重。医生们都看不出这是什么病。

他要写文章，但一提笔思索，便觉头痛欲裂。这时候，他方才着急起来，急于要到一个医诊方便的地方就医。于是间关奔驰，从浙东悄悄地到了上海。因为敌人们对他是那样的注意他便不得不十分谨慎小心。知道他行踪的人极少。他改换了一个姓名，买到了市民证，在上海某一个医院里就医。为了安全与秘密，后来又迁徙了一二家医院。

他的病情一天天地坏。整个脑壳都在作痛，痛得要炸裂开来，痛得他日夜不绝地呻吟着。鼻孔里老淌着脓液。他不能安睡，也不能起坐。

医生断定他患的是脑癌，一个可怕的绝症。在现在的医学上，还没有有效的医治方法。但他自己并不知道。他的夫人跟随在他身边。医生告诉她：他至多还能活两个星期。但他在病苦稍闲的时候，还在计划着以后的工作。他十分焦急地在等候他的病的离体。他觉得祖国还十分需要他，还在急迫地呼唤着他。他不能放下他的担子。

有一个短暂时期，他竟觉得自己仿佛好了些。他能够起坐，能够谈话，甚至能够看报。医生也惊奇起来，觉得这是一个奇迹：在病理上被判定了死刑和死期的人怎么还会继续活下去，而且仿佛像有倾向于痊愈的可能，医生觉得有点不可思议。

这时期，他谈了很多话，拟订了很周到的计划。但他也想到，万一死了时，他将怎样指示他的家属们和同伴们。他要他的一位友人写下了他的遗嘱。但他却是绝对不愿意死。他要活下去，活下去为祖国而工作。他想用现代的医学，使他能够继续活下去。

他有句很沉痛的话，道："我刚刚看见了真理，刚刚找到了自己要走的路，难道便这样死了吗？"

没有一个人比他更迫切地需要生命，不是为了自己，而是为了真理，而是为了祖国。

他的精神的力量，使他的绝症支持了半年之久。

到了最后，病状蔓延到了喉头。他咽不下任何食物，连流汁的东西也困难。只好天天打葡萄糖针，以延续他的生命。他不能坐起来。他不断地呻吟着。整个头颅，像在火焰上烤，像用钢锯在解锯，用斧子在劈，用大棒在敲打，那痛苦是超出于人类所能忍受的。他的话开始有些模糊不清。然而他还想活下去。他还想，他总不至于这样死去的。

他的夫人自己动手为他打安眠药的针，几乎连续地打。打了针，他才可以睡一会。暂时从剧痛中解放出来。刚醒过来的时候，精神比较好，还能够说几句话。但隔了几分钟，一阵阵的剧痛又来袭击着他了。他的几个朋友觉得最后的时间快要到来，便设法找到我蛰居的地方，要我去看望他。我这时候才第一次知道他在上海和他的病情。

我们到了一条冷僻的街上，一所很清静的小医院，走了进去。静悄悄的一点声息都没有。可以听见自己呼吸的声音。

我们推开病室的门，他夫人正悄悄地坐在一张椅上，见我们进来，点点头悄悄地说道："刚打完针，睡着了呢。"

"昨夜的情形怎样？"

"同前两天相差不了多少。"

"今早打过几回针？"

"已经打了三次了。"

这种针本来不能多打，然而他却依靠着这针来减轻他的痛楚。医生们决不肯这样连续地替他打的，所以只好由他夫人自己动手了。

我带着沉重的心，走近病床。从纱帐外望进去，已经不大认识，躺在那里的便是韬奋他自己了。因为好久不剃，胡须已经很长。面容瘦削苍白得可怕。胸部简直一点肉都没有。隔着医院特用的白单被，根根肋骨都隆起着。双腿瘦小得像两根小木棒。他闭着双眼，呼吸还相当匀和。

我不敢说一句话，静静地在等候他的醒来。

小桌上的大鹏钟在嘀嗒嘀嗒地一秒一秒地走着。

窗外是一片灰色的光，一个阴天，没有太阳，也没有雨，也没有风。小麻雀在叽叽喳喳地叫着，好像只有它们在享受着生命。

等了很久，韬奋在转侧了，呻吟了，脓水不断地从鼻孔中流出。他夫人用棉花拭干了它。他睁开了眼，眼光还是有神的。他看到了我，微弱地说道："这些时过得还好吧？"几乎是一个字一个字挣扎着说出来的。我说："没有什么，只是躲藏着不出来。"

他大睁了眼睛还要说什么，可是痛楚来了。他咬着牙，一阵阵地痉挛，终于爆出了叫喊。

"你好好地养着病吧，不要多说话了。"我忍住了我要问他的话，那么多要说的话，连忙离开了他的床前，怕增加他的痛楚。

"替我打针吧。"他呻吟地说道。

他夫人只好又替他打了一针。

于是隔了一会，他又闭上了眼沉沉睡去。

病房里恢复了沉寂。

我有许多话都倒咽了下去，他也许也有许多话想说而未说。

我静静地望着他，在数着他的呼吸，不忍离开。一离开了，谁知道是不是便永别了呢?

"我们走吧。"那位朋友说,我才蓦然地从沉思中醒来。我们向他夫人悄悄说声再会,轻轻地掩上了门,退了出来。

"恐怕不会有希望的了。"我道。

"但他是那样想活下去呢!"那个朋友道。

我恨着现代的医学者为什么至今还不曾发明一种治癌症的医方,我怨着为什么没有一个医生能够设法治愈了他的这个绝症。

我祈求着,但愿有一个奇迹出现能使这个祖国的斗士转危为安。

隔了十多天没有什么消息。我没有能再去探望他。恐怕由我身上带给他麻烦。

有一天,那位朋友又来了,说道:"韬奋昨天已经故世了!今天下午在上海殡仪馆大殓。"

我震动了一下,好几秒钟说不出一句话来。

我低了头,默默地为他致哀。

固然我晓得他要死,然而我感觉他不会死,不应该死。他为了祖国,用尽了力量,要活下去,然而那绝症却不容许他多活若干时候。他是那样地不甘心地死去!我从来没有看见像他那样和死神搏斗得那么厉害的人。医生们断定了一两个星期内会死去的人,他却顽强地活了半年。直到最后,他还想活着,还想活着为祖国而工作!

这是何等的勇气,何等的毅力!忍受着半年的为人类所不能忍受的苦,夜以继日地忍受着,呻吟着,只希望赶快愈好,只愿着有一天能够愈好,能够为祖国做事。然而他斗不过死神!抱着无穷的遗憾而死去！他仍用他的假名入殓，用他的假名下葬。生怕敌人们的觉察。

后来，韬奋死的消息，辗转地从内地传出，却始终只有极少数人知道他是死在上海的。敌人们努力追寻着邹韬奋的线索，不问生的或是死的，然而它们在这里却失败了！它们的爪牙永远伸不进爱国者们的门缝里去！它们始终迷惘着邹韬奋的生死和所在地的问题。

到了今天，我们可以成群地携着鲜花到韬奋墓地上凭吊了！凭吊着这位至死还不甘就死的爱祖国的斗士！

（原载于1945年10月27日上海《周报》第8期）

百年中国记忆
BAINIAN ZHONGGUO JIYI

第二辑

犀利之笔　铸造丰碑

韬奋先生的道路

胡 绳

　　韬奋先生的名字和他所主编的刊物是分不开的。我也曾经是他的《生活》周刊的读者，但是最初期的《生活》周刊，我是后来偶然在S城的一个小图书馆里从旧纸堆里看到的。记得那里有很多关于"健而美"的文字和图片，其他所谈也多半是个人职业生活修养问题。拿来和后期的《生活》周刊以至《大众生活》等刊物比较，真令人有隔世之感了。

　　韬奋先生也曾说到过这一层，他说，《生活》周刊之成为"主持正义的舆论机关"，是经过了一个"转变"过程的，"《生活》周刊既一天天和社会现实发生密切的联系，社会的改造到了现阶段又决不能从个人主义做出发点，如和整个社会的改造脱离关系而斤斤较量个人的问题，这条路是走不通的，于是《生活》周刊应着时代的要求渐渐注意于社会的问题和政治的问题，渐渐由个人出发点而转到集体的点了。"

使得韬奋先生能够不断进步的根本原因，我想，是他向群众学习的态度。当他编刊物时，他总是努力从群众中去发现问题，注意群众中的意见和反映。他曾说："我个人是在且做且学，且学且做，做到这里，学到这。除了在前进的书报上求锁钥外，无时不惶惶然请益于师友，商讨于同志。"因此在他周围的群众前进的时候，他也就跟着一道前进了，而且因为他一天天更深入地看出群众中的问题，因此他就能够站在群众前面成为人民大众的益友和良师。

贯穿在韬奋先生一生中的这种不断学习、追求进步的精神，是最足以使人仰慕的。他经过认真的思考，根据实际而判别是非，当他发现了他所应该站的立场和值得为之献身的理想时，他就百折不回，坚持无他了。他的全部精力和他的事业合而为一，他的全副心肠灌注在他的理想中间，因此在不断进步的路程中，就使他自己成为黑暗反动势力最顽强的敌人，成为争民主战线上最勇敢坚定的战士了！

在他逝世前，虽然他被迫不得已而辗转流离，但也因此得到了一个机会，更亲切地看到了人民的力量。他说："当我在敌后抗日民主根据地，亲眼看到民主政治鼓舞人民向上的精神，发挥抗战力量，坚持最残酷的敌后斗争，并团结各阶层以解决一切困难的情形，我的精神极度兴奋，我变得年轻了，我对于伟大祖国更看出了前途光明。"

现在韬奋先生虽然死了，但他所留下来的道路仍将为千百万人民所遵循着更勇猛地前进。

（原载于1944年10月1日重庆《新华日报》第4版）

韬奋的事业与精神

徐特立

民国二十五年11月22日韬奋同志以救国犯被捕，这时中国正处在存亡的分水岭。东北四省已经全部沦亡，冀东已经建立了伪政权名自治政府，冀察两省成立了半伪政权名冀察政委会。日寇正在进攻绥远。韬奋同志当被捕的前两小时，刚参加援绥会议，10时才离会，12时准备《生活星期刊》社论，一时上床，二时即被捕。当时，正如今日一样寒冷，从床上下来只穿一件单薄的睡衣，寒气袭击，感觉微颤。我们今天在这里追悼他，回想八年前的今天，令人不寒而栗。当时国民党的政策是"攘外必先安内"，不顾日寇进攻绥远，大军正向西北进行"剿共"，蒋介石为"剿匪"总司令，汤恩伯占领了边区的瓦窑堡一带地区，边区政府退到保安。全国人民要求停止内战，一致抗日，但都是赤手空拳，国民党政府却以刺刀牢狱来对付，于是救国会的领导者于日寇进攻绥远时期被捕下狱。国民党两支军队，一支在西北"剿共"，另一支在东南"剿"人民抗日的救国会，实际上国民党给了日寇进攻绥远以至灭亡中国以有利的条件。

在国民党执政者对于日本侵略采取妥协让步的情况下，在人权没有保障的情况下，在九一八事变以后，孙夫人和蔡孑民、杨杏佛诸先生起来组织人权保障大同盟，韬奋同志是其中执委之一。不久杨杏佛被暗杀，该会在四面军警和特务包围下无法存在，大城市地下的共产党遭到空前的大屠杀，在政治上虽然领导了全国，给人民以指针，但在组织上一时难以恢复，于是继人权保障大同盟而起的就有救国会。救国会是在全国救亡运动极高涨的条件下产生的，他们不怕因爱国而犯罪。8年前的韬奋，就是以爱国罪案入狱的。同志们！中华民国无数优秀儿女，以百年来革命的流血经验前仆后继，不仅锻炼了不可屈服的精神，同时训练了空前的政治头脑，民族统一战线果然形成于韬奋同志被捕不久之后，奠定了七七抗战的基础，坚持了八年抗日反法西斯战争。因此，中国为世界优秀之民族已为世界所公认。国民党当权者的恶劣政治，终不能掩盖整个民族的优秀。韬奋同志正是中华民族优秀儿女的代表，是抗日民族统一战线领导者之一，是救国会的发起者和组织者之一。将来写中华民族解放史和世界殖民地的解放史，他的业绩是许多光荣斗争史中的一页。

韬奋同志与沈钧儒、陶行知诸先生于民国二十五年7月15日联署发表的团结御侮的主张，其基本纲领是：要求国民党停止内战，承认共产党势力存在，各党各派合作，联合抗日，联合战线以抗日为目的，不为任何派别利用，主要的是扩大抗日的队伍，除汉奸外不排斥任何一个人。以上纲领除抗日以外没有其他。其承认共产党存在，并不是主张社会主义，而是要求国民党把"安内剿共"的军队用来抗日；其要求人民的言论行动自由也不是要求一般的民主，只是要求抗战的言论行动自由；其要求给人民以解放，也只是要求不压迫抗日的民众，只说脱离了民众，单是政府，抗战必然失败；其指出国民党的自救政策是希望国民党保持过去革命的功业，把国民党汉奸化的官僚清出去，以免日本的第五纵队在国民党内及其政府内破坏中华民国的心脏。这一政纲刊在韬奋所著的《坦白集》最后一部分。在全文中每一字句都是抗日救国，而且他们除抗日救国外，没有任何政治活动，救国会是名副其实的。这时的救国运动成了全民运动，年老的如90岁以上的马相伯先生，年小的如小学校的儿童和童工，都卷入在内，唯有国民党的顽固派以为这不合他们"攘外必先安内"的政策，逮捕救国会的领导者，客观上是尽了日本第五纵队的作用，执行了亲日派的政策，而与真正孙中山的信徒对立着。救国会的政纲是单纯的以救国为目的，在这一方面，与我们在民国二十二年五月所提出的与全国军队合作的三个条件基本上相同。从上述的事实可以看出，救国会的政纲是各党各派进步人士的反映，尤其是广大的不愿做亡国奴的群众的反映。他们的政纲名为抗战救国的统一战线是名副其实的，其名为救国会也是名副其实的。国民党内有权的顽固派至死不悟，坚持他们"攘外必先安内"的政策，日寇进攻绥远时还进行临潼"剿共"会议。因此，在国民党内不愿做亡国奴的人们举行了兵谏，即西安事变，内战才算停止。西安事变距韬奋被捕刚二十日，西北事变与东南事变在二十日间遥相照映，足以证明韬奋以及他们同志的主张是全国人民的主张，他们是中华民族优秀的代表，只有国民党内的顽固派反对。这类顽固派至今还没有最后的觉悟，造成自己的孤立，如果没有其他进步的党派和优秀的人民，也必然造成中华民族在国际上的孤立。

韬奋同志在青年时从学校所获得的知识只是国文、英文、数学等求学的基本工具，社会知识是缺乏的。毕业后服务社会，第一次是任纱布交易所英文秘书，继而到《申报》馆也是英文广告和书信的翻译，到《时事新报》只是做行政工作而非记者。在这些琐屑的无兴趣的事务工作中，他十分尽职，因而养成细针密缕的工作作风、惊人的实际精神。民国十八年他办《生活》周刊，读者来信一年到两万多封之多，都予以适当的回答。他对群众来信的指导，大的方面从抗战救国以至社会制度问题，小的方面广泛到求学问题、职业问题、婚姻问题、社交问题、工作方法问题、文字技术问题，都具体地个别地加以解答。这就是他有惊人的实际精神的明证。他关心群众的每一个小问题，例如他办书报代办所，目的是代办书报，由于书报代办建立了信用，于是扩大到代办一切，竟至有人请求代找律师。他的《生活周刊》，由指导一般的群众生活竟扩大到个别的书信指导，他这种惊人的爱护群众的热忱，必须先具有他那样惊人的实际精神和惊人的细针密缕的工作方式，才能达到。他在一年中收到读者两万多封信，其反映的社会情况和政治情况给他最丰富的具体材料，经过分析和综合就成了他指导群众的资本或科学。他于是成了群众的导师，同时又成了群众的学生。群众给他的每一封信都成了他自己的社会科学和政治科学的片段，所以他的学问是群众化的学问。

他是一个热心的政治家，但他也善于经商。他的生活书店没有政府的津贴、资本家的帮助及人民的捐款。该书店是一个典型的革命的合作经济，其基本的办法都由他所手订（见《事业管理与职业修养》），且在营业中给工作人员以适当的学习机会。他以上一切新的方法和方式仍然是从群众中学习来，再用到群众中去。他那种无微不至的工作方法，仍然不是手工业的一手包办，而是精密的分工。所有以上这些都是我们反攻过程中使用新式技术时所需要的，也是不久的将来甚至目前的建设所需要的。我希望把他的著作择要整理，以做干部文化读本。

韬奋同志那种无微不至的作风，并没有妨碍他那种对于政治中心的把握，因为他关心的琐屑问题正是群众生活中的严重问题，不是资本家所希望的五分钱的额外利润。韬奋同志无微不至的精神，并不是放在小问题上面。国民党企图收买生活书店，出钱出人，不加还价。韬奋就准备牺牲整个生活书店，让国民党的武装来封闭，不在政治上屈服。在这种条件下，他宁可牺牲整个书店而保持政治立场。他是为革命而建设事业，也就可以为革命而牺牲。他的琐屑处也是他的伟大处。我认为他具有革命精神和实际精神两方面。韬奋临终遗嘱要求死后骨灰葬延安，把他的名字列于我党的党籍，韬奋的遗嘱不是偶然的，是经过长久考虑的。韬奋早在《经历》上写道："不管任何党派，只要它真能站在大众的立场努力，真能实行有益大众的改革，那就无异于我已加入了这个党了，因为我在实际上所努力的也就是这个党所要努力的。"这里他已说明了愿加入群众的党。韬奋入党已五十岁，而且是临终的遗嘱，我入党已51岁，韬奋入党比我小一岁。我们入党不是偶然的。近日读报看到法国物理学家郎之万一生在物理上的贡献极大，到了72岁还加入了共产党，这正是时代的象征。

（原载于1944年11月22日延安《解放日报》第2版）

中国大众的立场

艾思奇

　　不久以前，《解放日报》转登了重庆几千人追悼韬奋同志的报道，我读了那报道，不由得联想起1936年鲁迅先生逝世，上海的千万群众公葬的情形。人物不同，时地不同，国内外情况也不同了，但仍有些共同的东西，使人容易发生联想。第一，抗战前那种闷人的空气，和群众在鲁迅先生公葬时所表现的悲愤沉郁的情绪，显然又在重庆出现了；第二，一个文化工作者的死，使千百万人有如此痛惜哀悼的表示，除了鲁迅先生以外，也不曾有过。

　　韬奋同志的工作为什么有这么大的影响？他为什么能受到广大人民如此深切的爱护和关心？这是值得我们深思追念的。

　　从第一次大革命前后起，韬奋同志就开始了写作生涯，差不多二十年的时间，他几乎是每天不停笔地工作。这是中国政治上多变的时期，同时也是中国人民在挣扎、在反抗、在斗争、在联合的时期，这里有国民党一党专制的建立，有"剿共"和军阀内战，有九一八事变，有全国人民的爱国运动和救国会活动，有中国共产党的团结抗日的号召……在这中间，韬奋同志的工作是与人民的斗争不能分开的。他抓着了人民政治上、生活上所遇到的一切大小问题，给予适当的回答，他的影响之所以能很快地扩大起来，就因为他的文章，最能反映斗争中中国广大人民的要求和情绪。

韬奋同志常说自己的立场是"中国大众的立场"，他是名副其实地站在大众的立场上工作的。他自称为"新闻记者"，同时他也的的确确尽了公正的新闻记者的责任，把自己的文章，严格地用作民众的喉舌。在中国这不是容易做到的事，这不但要有为群众服务的满腔热忱，要有不屈不挠主持正义的坚定节操，而且更重要的，是要能实事求是，丢弃自己的主观，而善于了解群众的切身要求，体察人民的思想情绪，为群众说出他们心里真正要说的话。要这样为民众代言，是一份吃重的工作，必须付出很大的努力，用全部心力来对付，随随便便大笔一挥，就要被称为人民的作者，是靠不住的。

在他的自传性的《经历》一书里，讲到他怎样编辑《生活》周刊时，我们可以看出他苦心呕血的情形："每期的小言论，虽仅仅数百字，却是我每周最费心血的一篇，每次必尽我心力就一般读者所认为最该说几句话的事情，发表我的意见。这一栏也最受读者的注意，后来有许多读者来信说，他们每遇着社会上发生一个轰动的事件或问题，就期待着这一栏的文字。其次是信箱里解答的文字，也是我所聚精会神的一种工作。""聚精会神"，研究怎样说出读者群众所要说的话，解答读者所提出的问题，这是韬奋同志工作力量的源泉。必须有这种非常集中的努力，才有可能使他密切地和"大众"站在一起，成为一个最好的新闻记者（虽然新闻记者是他的职业的一部分），使他能正确地替人民说话，而为人民所爱护，使我们能够在他身上，看见新闻记者的职业的光辉——这一个职业，在一些为法西斯主义及专制主义歌功颂德的新闻界败类身上，是被渎污了。

知识分子走向大众，是有一定过程的，他必须首先清算了自己思想中的各种个人主义的因素，然后用集体的思想来武装自己的头脑。韬奋同志也不是天生的大众思想家，他并不是有什么超人的特点，他最大的长处，是虚心学习，勇于批判和放弃一切不适合群众需要的思想，热烈地追求和接受对人民有利的新事物和新思想。他的学习，主要是在群众中，在工作中。他没有个人的虚伪自尊心以及各种主观成见的包袱，只有为群众服务的高度责任心，和不断追求有益于人民的新知识的热烈欲望，"我个人是且做且学，且学且做，做到这里，学到这里"。就是这一种责任和学习的精神，使他的思想能够经常进步，能够不断地愈更密切地和大众靠拢起来。在早年参加职业教育社工作的时候，他就已经善于在群众生活的实际情况中学习，并通过实际观察所得来校正自己的思想，他说："在各处接洽若干中学举行职业指导运动中，我所感兴趣的是乘着这个机会和各地青年谈话，并到各处观察观察社会的情形……可是说来也许有些奇怪，我愈研究职业指导，愈在实际方面帮着职业指导呐喊，愈使我深刻感觉到在现状下职业指导的效用有限，愈更使我想逃出职业指导的工作……说句笑话，我在这里参加了职业指导运动，对于青年究竟有什么实际的效果，我实在不敢说，可是对于我自己确有很重要的指导作用……这现实的教训使我的思想不得不转变。"（《经历》）

职业指导为什么没有效果呢？他的思想是怎样"转变"了呢？他后来解释得明白：

"现在不是由个人主义做出发点的所谓'独善其身'的时代了，要注意怎样做大众集团中一个前进的英勇的斗士，在集团的解放中才能获得个人的解放。关于这一点，有一件虽然微细而却显明的事实可以做个例子。从前实施所谓'职业指导'的人们，总是把应该怎样努力吃苦的话劝导青年，这对于当时有业可就而不肯努力不肯吃苦的青年来说，当然不能算错，但近来有不少很肯努力很肯吃苦的青年，因为次殖民地的经济破产，不是因他们自己的个人过失而遭着失业的痛苦，指导者再对他们发挥'拼命努力拼命吃苦'的高论，便是犯着牛头不对马嘴的毛病了。"（《大众集》）

能够向群众学习，能够接近"现实的教训"，能够依据现实的教训来"转变"自己的思想，就能够在思想上有发展、有进步，不至于钻进牛角尖，越钻越出不来，就会在工作上有创造，有改进，不至于停滞不动，因循敷衍，没有生气。韬奋同志的思想和工作，就由于有以上的优点，而能够表现出不断前进、不断创造的精神，而这些创造改进，归根结底，仍旧以群众的需要、群众的利益为依归，适合于群众需要和利益的东西，就被采取，否则就要被突破，被打碎。就由于这些原因，韬奋同志能够使他所编的《生活》周刊迅速进步，由职业指导的刊物，进而成为主持正义的舆论机关，从偏重个人生活修养的内容，转变为讨论社会政治问题的读物，由讨论一般社会政治问题的刊物，变为事实上为救国运动的宣传和组织中心。每进一步，就愈更深入地与中国人民大众的生活和斗争相结合，并获得了愈更广泛的群众的拥护。

"聚精会神"为服务人民而工作，从"现实的教训"中虚心学习，从群众的实际要求出发，来创造工作，改进工作，这就是韬奋同志的思想和工作力量的源泉，这就是韬奋同志自己所谓"中国大众的立场"，他的大众立场，不是空洞的，而是有着具体内容的，不只是说说的，而是有他的行动作证明的。

韬奋同志坚定地站在"中国大众的立场"上工作，因此，凡是能够真正为大众谋利益的人，他就热烈地引为同志。早在抗战以前，他就说过："我的立场既是大众的立场，不管任何党派，只要它真能站在大众的立场努力，真能实行有益大众的改革，那就无异我已加入了这个党了，因为我在实际上所努力的也就是这个党所要努力的。"谁是真能实行有益于大众的改革的"这个党"？他是早已看得清白的，而在临死时他就正式宣布了，这就是中国共产党。他现在已经是一个共产党员了，而且他不愧是优秀的共产党员，因为他的一生工作，他是真正做了许多有益于大众的改革。我们应向他学习，学习他的精神，学习他怎样实践"中国大众的立场"。

（原载于1944年11月22日延安《解放日报》第3版）

不屈不挠、尽善尽美的作风

张仲实

　　从韬奋先生的生平中，我们首先看到，他的作风中一个最大的特点，就是他在工作中不屈不挠的精神。常人做事，一碰钉子或一遇到困难，就心灰意冷，把头缩回来。韬奋先生不然，他做事有毅力、有恒心，不怕任何困难、阻碍，总能坚持到底，把它完成。这种优良作风，他在青年时代就有了。如在求学时代，他常受经济压迫，生活困苦，但他毫不气馁，用投稿、做家庭教师、半工半读等办法，终于读到大学毕业。又如在香港办《生活日报》时，条件那么困难——经济困难、房子困难、登记困难、检查困难、印刷困难……但他不为这些困难所屈服，两个月的光景，竟然办成华南第一流报纸。其次，常人做事，总是站在这边山上看到那边高，而韬奋先生做一件事，总是专心致志，集中全部精神去做，因而对工作有着浓厚的兴趣。例如，他在办《生活周刊》时期，因为"对于搜集材料、选择文稿、撰取评论、解答问题，都感到有深刻的兴趣"，常常兴会淋漓，不知疲乏地干，做到深夜还舍不得走。韬奋先生不仅能与外部困难做坚决斗争，战胜它们，而且能与自身的缺点，能与个人主义做斗争。以自己事业作为升官发财途径或为了个人利益而中途变节的，实在不乏其人，但韬奋先生始终站在为人民服务的立场上，反对个人主义，不存在升官发财之念。在接创《生活周刊》时，他就认为"和整个社会的改造脱离关系而斤斤计较个人的问题，这条路是走不通的"，便渐渐由个人出发点而转到集体的出发点。后来在办《大众生活》时，他对于反对个人主义之必要，更有透彻的发挥。在该刊创刊之中，他以克服个人主义作为三大目标之一。他说道："民族未解放，个人何获得自由？个人不是做集团的斗士的一员，何从争自由？个人离开了集团的斗争，何从有力量争自由？以个人的利害做中心，以个人的利润做背景，又怎样能团结大众，共同奋斗来争自由？所以，我们要应现代中国的大众需要，就必须克服个人主义，服从集团主义。"正因为他立场这样坚定，所以，国民党方面虽一再威胁利诱，而韬奋先生都坚决拒绝，不为所动。至于韬奋先生与反动势力不屈不挠的斗争，更是众所周知。《生活周刊》被封了，来了一个《新生》；《新生》被封了，来了《大众生活》；《大众生活》被封了，又到香港办了《生活日报》；《生活日报》移至上海不许出版，又办了《生活星期刊》……他总是这样再接再厉地与国民党反动派做斗争。

韬奋先生在工作中不屈不挠的精神，就是这样。韬奋先生作风中的第二个特点，就是他对工作尽善尽美的精神。他平日做一件事，总是认真负责，谦逊虚心，兢兢业业，竭尽自己的心力，做得十分圆满，从不苟且，从不拆烂污，从不敷衍了事，从不取官僚主义态度，他自己说，"我自己做事，没有别的什么特长，凡是担任了一件事，我总是要认真，要负责，否则，宁愿不干"。这是一个最宝贵、最值得学习的作风。关于这一点，我们可以举出许多动人的例子来。比如他在求学时期，因家中无力接济，常做家庭教师，以解决经济问题。在常人，这本是救穷，尽可敷衍塞责，弄几个钱就是了。但是韬奋先生不然，他在执行家庭教师职务的时候，一点不愿存着"患得患失"的念头，对于学生的功课异常严格，毅然保持的态度是："你要我教，我就是这样；你不愿意我这样，尽管另请高明。"在创办《生活周刊》时期，他更是聚精会神地干，力求把刊物搞好。他接办之后，首先改变该刊内容，"注意短小精悍的评论和'有趣味有价值'的材料"，并增设信箱一栏，讨论读者提出的种种问题。每期"小言论"，虽仅仅数百字，但却是他每期最费心血的一篇。在文字方面，他自己说道："我不愿有一字或一句为我所不懂，或为我觉得不放心的，就随便付排。校样也由我一人看。看校样时的聚精会神，就和在写作的时候一样，因为我的目的要使它没有一个错字。"每期校样要看三次。有的时候，简直不是校，竟是重新修正。

（原载于1945年7月24日延安《解放日报》，略有删节）

邹韬奋和《光明报》

萨空了

　　韬奋兄在抗战期间，反对国民党反动派的功绩，在过去许多朋友写的纪念文章里，说得已经很多，他的影响，到现在仍留在青年群众间，更是最有力的明证，已毋庸我再饶舌。但有一点似乎还未经朋友们提过，且是有关香港《光明报》的事。我觉得应在今天纪念他时，在本报中报告给大家。

　　在韬奋离渝之后不久，我本也决定了立即辞掉重庆《新蜀报》经理的职务赴港，突然反动的三青团匪徒，放了一把火烧掉了《新蜀报》在化龙桥的工厂，使我不得不改变计划，再用掉几个月的时间去筹划钱，把那工厂重建起来，以求对得住朋友。所以我到香港时，已是1941年8月下旬了。

　　依照原定的计划，我到港后即转赴新加坡去办一个新闻通讯社。到港之后遇到韬奋和长江，我才知道中国民主政团同盟要在香港宣布成立，并拟办一日报，已定名为《光明报》。

这时候韬奋正代表着救国会和梁漱溟等共商民主政团同盟在港应如何进行。韬奋看见我就说："好极了，我们正在替梁漱溟发愁，找不到一个在香港办报有经验的人做他们要办的《光明报》的总经理，你现在来到，这个问题算解决了。"

当时我很不想改变去新加坡的预定计划，因为知道《光明报》的经费拮据，根本谈不到自办印刷，加之和梁漱溟只不过在他寄居重庆特园时见过一面，想他或者不能同意叫我担任那么重要的职务。但韬奋坚决要我留下来，且叫长江来劝我两三次，他们并一致表示，梁漱溟方面由他们去谈。

在我到港后一个星期左右，梁漱溟果然来约我见面了。见面之后立即谈到约我担任《光明报》总经理。他也说："彼此并不相知，素闻你极有才能，但恐非我所能借重，只以韬奋、长江一再推荐，且说你一定肯来，所以我才敢相邀。"于是在一晤之下，我就接受了《光明报》总经理的工作。跟着从9月1日起开始工作，经17天的筹备，《光明报》便在1941年的九一八事变创刊。

为什么只经17天的筹备便可以出版？这里面韬奋、长江也帮了许多忙。像印刷所，就是他们先已替我接头好，然后由我出面去和梁漱溟说明，便订了约。在出版前，梁漱溟因为由国内划出来的款项很少，恐怕难以为继，韬奋便慨然承诺代表救国会筹助港纸五千元，后来也是韬奋去向朋友借来交给梁的。

在香港《光明报》将出未出这一段时间内，韬奋为了这张报纸用掉了许多精力，杨潮（羊枣）兄之参加《光明报》，也是由韬奋替我们动员而来，主要是他在负责筹备这张报。所以如果说香港《光明报》曾对中国民主运动有些什么贡献的话，韬奋的功绩，绝不应该被遗忘！而韬奋的"义之所在奋不顾身"的精神，也正是我们，尤其是民盟和《光明报》的同志们应当效法的。

（原载于1949年7月24日《光明日报》）

邹韬奋和《大众生活》

茅　盾

　　韬奋生前常说，他的最大的愿望是办好一个刊物——当然最好是能够办报。在反动统治下，办进步刊物是一定要受到迫害的，韬奋就是在重重的迫害下办刊物而坚持到底的一个人。他主编的最后一个期刊就是《大众生活》，在香港出版。《大众生活》对于当时的南洋华侨起了相当大的作用。皖南事变后，在共产党的策划和领导之下，相当数量的革命的进步的文化工作者从压迫愈来愈严厉的重庆"疏散"出去，建立分散的文化据点。到香港的一批以韬奋为中心，目的就是要在香港办报办刊物。如果由韬奋出面来办报，恐怕是通不过香港政府这一关的，因而只好办周刊。

　　当时的香港充斥着各式各样的特务——蒋记的、汪记的等。他们要破坏韬奋的活动，自不待言。香港政府自然也不会欢迎韬奋这样一个人来办刊物，不过，既然还标榜着"言论自由"，就不好公然不许，而只能在刊物登记的条件上做文章；照那条例，刊物的负责者是发行人，而发行人则须是"港绅"，因而韬奋当然不能自任发行人去申请登记，而必须另找一位港绅来"合作"，但即使找到了那样一位，能不能通过，据说也很少把握。

"有志者事竟成"，韬奋终于找到一位发行人了。原来有一个曹先生（他的父亲是所谓港绅），早已登记好了要办一个周刊，但因找不到适当的主编，故而那刊物还没出世。这位曹先生年纪还轻，读过韬奋的著作及其所编的刊物，可以说是对于韬奋的道德文章有相当认识，对于韬奋怀着敬佩之心的一个人。经过第三者的介绍，事情就成功了。这就是后来坚持到香港沦陷然后停刊的《大众生活》周刊，从这件事也可见韬奋为祖国为人民长期奋斗的精神和毅力，在一般人中间（而曹先生是其中之一）建立了如何高的威信！

办刊物既有眉目，韬奋立刻以他那一贯的负责和不知疲倦的精神开始工作。他要求在两星期后出版创刊号，那就是说，一星期后就必须将创刊号的稿件发排。他组织了一个编辑委员会，可是参加编委会的朋友们都是另有工作的，他们对于韬奋的帮助只能是：每星期开会一次，决定下一期刊物的主要内容，并在这范围内担任写稿一篇，或者是负责向编委以外的朋友拉一篇那一期刊物所需要的稿。韬奋必须自己做的就有下列一大堆事情：每期登在卷首的社评，那是有一定的篇幅的，太长或太短都会影响刊物的整个编排的计划性；审阅来稿（包括特约稿和外来的投稿）；给读者的来信作"简复"，这是刊物很重要的一栏，刊物与读者的联系固然赖此一栏，而尤其重要的，是借这一栏发表一些还不宜于用其他方式（如短评等）来发表的主张或批评。不曾在那种环境下办过刊物的人不会了解"简复"读者来信这工作在彼时彼地是怎样重要而且又是怎样不简单。韬奋常说：他花在"简复"上的时间和精力，比花在社评上的要多得多。

在那时的人力物力的条件下办这么一个周刊，其困难是没有那种经验的年轻朋友所能想象的。《大众生活》在短促的时期内出版，不能不归功于韬奋的毅力和勤奋。当时在香港的朋友中有几位是办过刊物的，当听说刊物要在一星期内从无到有，都感觉期限太促，然而韬奋那种说干就干、勇往直前的精神，振奋了大家。韬奋是对的。那时候，即使是一天的时间也很宝贵，不能白白过去。那时候，如果迟疑拖延，则夜长梦多，刊物也许会因特务分子的破坏而终于不能出世。

如果不把这些特殊情况加以充分的估计，而轻率地武断地以为韬奋就是"性急"（有人是这样看他的，而他自己也这样自诩），是"顾前不顾后"，或者，因而给他戴一顶"急躁冒进"的帽子，那是全无是处的。

恰恰相反，我倒觉得韬奋的疾恶如仇、说干就干、充满信心、极端负责的精神，正是我们应当学习的。

至于韬奋思想的发展过程，——他是如何从一个旧民主主义者发展而成为共产主义者的过程，我在这里不想多说。从韬奋身上，又一度证明了凡是有正义感、爱祖国、爱人类、爱真理的旧民主主义者，在战斗的考验中，是会走上信仰共产主义道路的，中外皆然，这已是历史发展的规律。

（原载于1954年7月24日《人民日报》）

琐忆韬奋与出版工作

袁信之

　　韬奋同志的优良工作作风是笔不胜书的。仅凭我时常想起的，记得那时在生活书店工作的同志，表现在工作中都是朝气蓬勃，准时上班，有自觉的劳动纪律，而且往往由于热情的高度发挥，工作到夜晚是常有的事。为什么会有这样的精神呢？这是与韬奋同志以身作则的领导作风分不开的。韬奋对别人要求很严格，对自己的要求更严格。记得有这么一件事，足以说明韬奋同志的高度责任感和公而忘私的精神。有一天，他从家里出来，匆匆地踏上一辆人力车，忽然听到一声微小的金属落地的声音，检视之下发现，原来是他手上的一枚结婚戒指丢了。但一看马上到上班时间了，如果回去找戒指，势必就会迟到，在这时候，他决定不去找戒指，赶着上班去了。这虽是一件小事，但在常人却是不容易做到的。

　　其他生动事例尤多，即以答复读者来信讲，也有甚为生动的。据我所知，他在重庆编《全民抗战》期间，曾经接到一个昆明读者的来信，表示因患肺病而消极厌世，企图自杀结束生命。韬奋以万分关怀的心情，写了一封长达万言的长信，鼓励他不应该消极自杀，同时说明肺病并非绝症。隔了一段时间，正在担心这位厌世者安危的时候忽然接到了他的复信，韬奋一口气读完了它，才舒了口气说道："我终于挽救了一个人的生命。"原来，那人被韬奋感人至深的精神所感召，放弃了自杀的意念，开始积极起来了，而且病情也大有好转。

此外，以我亲身感受来说，那时生活书店的同人集体宿舍，是当时环龙路上的环龙别墅一所很漂亮的洋房，这在其他同业中是不可能有的，但是韬奋为了关怀同志们的健康，采取了这样的措施。另外，生活书店的办公室里还有一个特点，就是每一张办公桌旁的坐椅的凳脚，几乎都经过了"改造"，锯去了长短不等的一截，一眼望过去，高高矮矮，颇不一律。这究竟为什么呢？原来，韬奋同志为了关心每一个同志身材高矮的不同，特意让工匠按各人伏案办公时的不同身段、视力而把凳脚锯去长短不等的一截，这样可以做到工作时不致因弯腰贴桌而产生近视的流弊，保障了工作者的健康。此类事实虽微不足道，却可以见出领导对于群众的关切心情。

还有一件给我印象很深的事，是在1935年当韬奋回国不久，那时书店有了很大的发展，工作人员增加了很多。韬奋为了深入了解群众意见，规定了每天以半天时间分头召集同人个别谈话，征询对领导上的意见和工作上的意见。我还记得韬奋坐在一间小办公室里，态度是那么谦虚，神情是那么沉着，殷殷垂询各方面的意见。二十多年前韬奋已经能够这样做了，在全民整风的今天，更值得引起我们深切的回忆和学习。韬奋同志这种可贵的革命思想和优良作风，绝不是偶然的。这充分表明一个追求进步的知识分子一旦与马克思列宁主义相结合就会无比英勇地站在革命立场上，紧密地联系群众和关心群众，接受和依靠共产党的领导，从而在宣传鼓动战线方面发挥更为重大的作用。最后，韬奋终于成为工人阶级的知识分子。

（原载于1957年12月25日《新闻与出版》）

"最大的愿望是办好一个刊物"

——学习韬奋的编辑工作经验

柳 堤

韬奋完全具备一个革命编辑者的品质。他十几年坚持了自己的岗位，热爱自己的工作。他"最大的愿望是办好一个刊物"，一心一意，专心致志。贯彻一生，鞠躬尽瘁，死而后已。他对编辑工作从来是全面掌握，彻底了解并深入工作的各个环节，真可以说是专深专透。

组稿是在方针决定之后的第一个具体环节，是将确定的轮廓计划具体化。在韬奋的经验之中，这是一个战略性的重要战役。它的实质是党的政策主张和当前形势结合，和群众结合的过程。这一个环节要求深刻地掌握党的观点，把党的主张用群众能够接受的语言，生动活泼地表达出来。他总是呕尽心血，先在编辑部中反复酝酿，然后又召集他所信赖的几个好友进行座谈。参加的人有固定的几位，也有临时邀请客串的。这也是编委会。这个会上，彼此先交换情况，然后热烈地讨论一周宣传的主题。韬奋从来不隐蔽自己的思想，有什么想法就提出来。他唯一的要求，是理解得深透、具体。这样的讨论，常常明确了许多观点，彼此受益。每每讨论到主题明确的阶段，每期文章的题目就出来了。韬奋一直保持主动，他提出的结论常常十分中肯。这是因为他比谁都准备得多，比谁都更了解读者的情况。题目大致定下以后，就当场分配写文章的任务，谁写哪一篇，另一篇约谁写适当。这样的编委会的特点，就是思想性强，讨论中心问题的本质方面多，讨论展得很开，无拘无束，纵情畅谈。会上实际上体现了集体负责的精神，集体领导一个刊物的作风。韬奋在各个不同时期出版的刊物，每一期的内容没有不经过集体讨论的，他写的社论也没有不征求别人意见的。这一个环节，他总抓得很紧、很准，不流于形式。

接着的一个环节是定稿。特点是保持主动，原则性很强。定稿是指已写好的稿子在编辑部进行传阅、研究，最后确定用与不用。这包括编辑部自己写的和特约的稿子。韬奋从来没有把特约稿看作是定稿；从作家处取来的稿子不经研究就付排的事，从未有过。他说：我对于选择文稿，不管是老前辈来的，或是幼后辈来的，不管是名人来的，或是"无名英雄"来的，只要是好的我都竭诚欢迎，不好的我也不顾一切地不用。在这方面我不知什么叫作情面，不知什么叫作恩怨，不知道其他一切。

他坚决反对为了保持每期固定的页数，而随便拼凑稿子，不顾质量，对读者不负责任的行为；也反对只注意所谓主要文章，或名人的文章，而轻视其他的文章的片面性。他说："读者的要求不一，有的喜欢这一部分，有的喜欢那一部分。"他说他自己看报纸、杂志，也是找自己要看的看。

他对每一期的文章，包括补白，决不轻易放过。这一环节，一般在文字加工以前就算结束。但如遇时局变化需要发表另外的文章，或者新收到一篇精彩的稿子，他会乐得"好像哥伦布发现了新大陆"，即令已付排了，也不惜抽去一些稿子，换上新的稿子，花费双份排版费，也在所不惜。

韬奋对于文章有他的见解，有自己的风格。他的出发点也是为群众。他说："要使读者看一篇得一篇的益处，每篇看完了都觉得时间并不是白费的。"他主张："用最生动、最经济的笔法写出来。要使两三千字短文所包含的精义，敌得过别人两三万字作品。"他认为："写文章的人必须把所要写的内容，彻底明了，彻底消化，然后用敏锐活泼的组织和生动隽永的语句，一挥而就。"这是为了"这样的文章给予读者的益处是很大的，作者替读者省下许多探讨和研究的时间，省下了许多看长文的费脑筋的时间，而得到某部门的知识"。

他首先严格地要求自己。他说："一篇小言论，只数百字，是我每周最费心血的一篇，每次必尽我的心力就一般读者所认为最该说几句话的事情，发表我的意见。"他一生写的文章，大都是短篇。成本的著作，章节也分得很细，每节篇幅都短。他的言论得到读者极大的欢迎。胡愈之曾为此做过研究，认为韬奋的文章主要特点是"只想要大家一般都看得懂，读得懂""说大众的话""不无病呻吟""不无的放矢""自然丰润富裕"，自成文风。

他主编的刊物反映了这种文风，不合这种文风的虽然也有，但毕竟是少数。篇幅太长的、欧化语气过重的、不易为读者读懂的文章，则完全没有。任何人的文章，在定稿后，必在编辑部做文字加工。他常说："这才真是编辑工作。"一篇文章全段、整行、整句删去的事是常有的，完全改写或大大删节的事也有。最麻烦的是将长句子变为短句子，删去用得不恰当的形容词。至于改正笔误，校正引文、数目字和标点符号，则无不要求精细入微，是从来不放松一点的。

韬奋对刊物的内容和格式（形式）坚持统一的观点。他提倡创造精神，认为内容和格式都要表现其个性和特点。他说，"刊物的内容如果只是人云亦云，格式如果只是亦步亦趋，那是刊物的尾巴主义"，这种刊物就没有"个性和特点"。他主编的刊物，正如他所说的，"单张的时候，有单张的特殊格式，订本的时候，有订本的特殊格式"，"刊物的编排也极力独出心裁"。上海出版的《生活星期刊》，采用八开本，在编排上有所创造，就是一个例子。《大众生活》是韬奋风格发展到高峰的例子。单就《大众生活》的封面说，它就留给人深刻的印象。不仅它采取了套色照片，印得精美鲜明，为当时期刊所少见，而且它巧妙地配合了刊物的内容。

韬奋一贯在刊物上恰当地利用插图，这也是他的风格的一种表现。插图有很多种类。时事必附地图，增强文字的效果。抗战以前的《国难地图》，抗战中的《战争发展图》，都曾驰誉一时。其他如《图画世界》《时事漫画》《社会漫画》，都受到读者最大欢迎。韬奋总是兴致勃勃地参加设计、审稿、制版等过程的工作细节。

主编深入印刷所也是一件突出事情。韬奋在《生活》周刊时就常常到印刷所去，在《生活日报》时更是"坐镇"印刷所。他看着工人排字、拼版、改版，直到版子铸好上机，发动机转动。后来在《全民抗战》的时候，他有时也还到印刷所看看。和一般人到印刷所看校样不同，他去的目的是包括校正版样，检查各栏布置、标题字体、行列、图画和广告等。常常要改变版样，甚至一改再改。如遇文字排得不匀，广告地位不够，或一行起头是一个标点符号的必须减去或增加一些字，有时也有压缩几行文字或增加几行文字的事。这非主要编辑下厂就不易办好。要是工人不肯改，除另加排版费外，就只有自己动手。因此，他在编辑部中也学会了一些拼版、改版的技术。为什么他这样严格要求呢？他说："我最怕读者接了这一本刊物，一翻开就感到头痛。"他要求给读者一个良好印象，"如同一个人的衣服穿得整齐一些一样"。

不许刊物上有一个错字。他在追记《生活》周刊时说："校样完全由我一人看。看校样时聚精会神，就和写作的时候一样，因为我的目的要使它没有一个错字；一个错字都没有，在实际上也许做不到，但是我总是要以此为鹄的，至少使它的错字极少。每期校样要三次，有的时候，简直不是校，竟是重新修正了一下。"他在后期虽然看校样少了，但出版后，他总要全部看一遍。如果没有或极少错字，他就笑容满面；否则，就愁眉不展。他办的刊物是错字很少的，严重的错误就没有发生过。

韬奋办的刊物从来没有脱过期。《全民抗战》从汉口迁重庆，他宁让编辑人员坐飞机，也绝不使刊物脱期一天。他坐飞机到达重庆，当夜即到印刷所看校样。三日刊没有误期一天，大家都感到惊异。其实没有一点秘密，有决心，有充分准备，有负责的制度，就能办到。韬奋曾说，伦敦《泰晤士报》八十年没有脱过期，有一次报馆失火，也照常出报，人家能办得到，为什么我们办不到呢？他竟办到了。胡耐秋在回忆中指出，《全民抗战》迁渝后，每期要把纸型航寄汉口。纸型一定要交客运机方能当天到达。有一次，误交货运机，韬奋知道后，大为气愤，在办公室坐立不安，指责那位同事没有责任感。他说："不知道读者是多么急切需要知道时局变化，没有想到在这种时候，他们得到一本刊物是多么不容易。"责任感之深，见于言表，谁也为之感动。

搞好管理，精打细算，自力更生，永远节约，也是韬奋的一条好经验。韬奋一生办了那么多刊物，办了一个拥有55个分支店的生活书店。自己没有资金，也决不接受任何方面的投资，完全凭他善于"理财"的革命精神创造出来。据陈家荣的回忆，在《生活》周刊时，国民党交通部部长王伯群因《生活》周刊揭发了他的贪污腐化，愿挪出十万元来投资，遭到韬奋严词拒绝。陈济棠、白崇禧也有过同样的企图。到1939年和1940年，国民党中央也阴谋用投资消灭生活书店，均未得逞。即使资金缺乏，他也没有向党求援，因为他知道，革命事业在当时只能依靠群众支持和自力更生，这不仅可以避免给敌人以口实，而且是办一切革命事业的根本路线。从《生活》周刊起，他就一直是以刊物养刊物，以刊物助书店发展，以书店支援刊物。一切精打细算，实行严格的经济核算。《生活星期刊》以后，编辑部从来不过四五人。《生活日报》的编辑部也不过十多人，既要编报纸，还要编一个三万字的星期刊。人员少，主要为了节省开支。尽量减低成本，是中心的一环。以《大众生活》为例，它的定价是三分，经过批发出去，打六或七折，每本可收回一分八厘或二分一厘。当时，成本已压低到九厘左右（成本包括造货、工资、稿费和杂费），所以每一期还有九厘左右的利润，可以用它再生产和扩大事业。为了达到以刊物养刊物的目的，他在这方面不知呕了多少心血。生活书店的积累正如韬奋所说，"是由全体同事在这十几年中流血汗，绞脑汁，劳瘁心力，忍饥耐寒，对于国内外读者竭诚服务的一片丹心赤诚凝结而成的"。韬奋的事业经得起打击，绝不是偶然的。

韬奋十分重视资料和档案工作，他的编辑部虽然说不上有完善的资料，但为了写文章而准备材料是很认真的。他个人和编辑部中的人，都保存有一定的个人资料，如金仲华就保存有较完整的国际资料。

至于档案，只谈一件事。韬奋保有十多年读者的通讯处，的确做得出色。他把不知多少万人做出的卡片，装在特制的卡片橱内，层层排列，井井有条。读者地址变动，卡片上也随着改变。这一个卡片橱，对于生活书店来说，是一个宝橱。它对书店的发行、宣传起了重要的作用。

（原载于1962年7月24日《人民日报》）

生活的火花

端木蕻良

　　韬奋先生创刊、主编的《生活》，从八开一张的小报形式，到十六开本的杂志形式，我几乎每期都读。《生活》期刊，从这个读者手中传到那个读者手中，就像火花一样在人民群众中闪烁着……

　　中学时代，我在南开组织"抗日救国团""护校团"搞抗日运动；又和同学们把南开《双周》刊也改造成为宣传抗日的阵地，还出版了小报。有位同学画了一幅漫画，画的是一位中国青年，举起大斧砍断了锁在地球上的锁链，登在《双周》刊的封面上，很快就被当时美国共产党机关刊物《新群众》转载了；同学们拍摄了一些青年运动的照片，很快在《大众生活》上刊登出来。后来我到清华大学读书，沸腾的北方，响应着红军北上抗日的号召，展开了波澜壮阔的"一二·九"运动，在宣武门前向群众宣传革命道理的一位女同学的照片，又很快成为《大众生活》的封面。这对北方青年来说，都是起到互相推动和鼓舞作用的。当时，《生活》这两个字和"进步"这两个字有着同等的意义。它发行的报刊，连偏僻的小城镇也可以读到。我们在北方的青年抗日救国活动总是能在《生活》上寻取共鸣和支持，因为在九一八事变以后，《生活》的旗帜是最鲜明的，它的抗日主张是最坚定、最富有现实意义的，它能代表当时群众的心声，实事求是，发为文章，从而又扩大了群众的心声，这样，互相激励着形成更广泛的波澜。

1935年的冬天，我参加北平"一二·九"运动游行后，来到了上海。我初到上海，就急切地请陶行知先生介绍我去看望邹韬奋先生。因为韬奋先生以恳切的语调写出紧紧抓住实际问题的文章，从不故作惊人之笔，从不耸人听闻，早就深深地吸引住我和广大的读者。所以我一踏上黄浦江边就想去拜望他。我不但尽可能地想把北方学生抗日的涛声带给他，同时也想看看这位平凡的人，为什么具有这么大的吸引力。

我初到上海人地生疏，满以为在全国范围建立了发行网的生活书店是一座多么高大的楼房，原来只不过是一座狭隘的小楼。我在会客室把陶行知先生的亲笔信交过去，很快就听到隔壁响起了有力的脚步声，同时还跟随了几位同志过来。韬奋先生亲切地和我握了手，好像对待相识很久的朋友一样。他仔细打听北方青年抗日运动的情况，我尽我所知地告诉了他。他听了非常兴奋，特别是"一二·九"运动的情况，他听后两眼发光，就像亲身投入这个巨大的游行行列里一样。

韬奋先生，中等身材，戴着一副黑边眼镜，穿着十分简朴，走路很敏捷，握手亲切有力，讲起话来娓娓动听，态度极其诚恳。当时，他开创的出版事业已经在海内外起了极大的影响，他已经为我国新闻出版事业开辟了新的道路。但是，他看上去却像一位普通的教师——是的，他是我国新闻出版事业的先驱，同时，也是一位卓越的"人民教师"。

我们谈得很相投。韬奋先生告诉我生活书店是白手起家的。他说："生活书店为什么会越来越大呢？这就得'感谢'国民党了，我们才出几期，他就要我们停刊。但是，广大读者是支持我们的，一订就是一年。知道《生活》被国民党逼迫停刊，都来信说，不要你们退款。订《生活》的款子就捐给你们了，连封感谢信也不要你们破费，你们什么时候重新出，我们什么时候再寄钱向你们重新订！'这样，生活书店就越来越大了。所以，生活书店应该是属于人民的！"我不由得环顾一下这座小楼，顿时就觉得它高大起来，就连当时上海最高的建筑——国际饭店也无法比拟。

韬奋先生这段简短的谈话，虽然是介绍生活书店是怎样发展起来的，但回答了我心中的问题：韬奋先生和他所开创的《生活》为什么在全国人民心中有着这么广泛的吸引力，就是因为他代表了人民的力量，说出了人民要说的话，成了人民要求抗战的代言人，因为他生活在人民中间，人民便支持他。

《生活》的火花，在我的创作和生活道路上，也曾散发了不少的光和热。我在上海写的第一个短篇小说《鸳鸯湖的忧郁》就是在王统照先生主编的《文学》杂志上发表，由生活书店印行和读者见面的；

后来，由于茅盾先生的介绍，又约我写了另一个短篇小说《皇帝的眼镜》，刊登在《大众生活》上。

另外，还有一个小小插曲，至今令我难忘。这就是与生活书店发行的畅销杂志世界知识社的朋友们的会见。

那时，我刚在上海住下来，赶着写长篇小说《大地的海》。有一天，郑振铎先生来约我到世界知识社去看看，事先他并没有说什么，只说带我去看几个朋友，这就是金仲华和张仲实等，他们的名字都是我早就熟悉的。我和郑振铎来到世界知识社，他们正在伏案工作，见我们来了，都站了起来，经过介绍，他们热情地和我握手，言谈十分欢畅。金仲华先生桌上放了一本英文的《新群众》，这杂志我是熟悉的。我随手翻开，看到一幅漫画，画着蒋介石披着一领黑色大斗篷，下面的标题是"Weak China Strongman"。金仲华笑着说："这标题太好了！'使中国贫弱了的强人'。"我说："'强人'在中国也当强盗讲。"全屋响起了哄堂大笑。

郑振铎也笑着，突然指着一张空桌对我说："这就是我的办公桌，你要愿意来，就可以在这张桌上办公。"金仲华热情地说："你什么时候来都欢迎！"事先我并不知道郑振铎先生曾在世界知识社工作，但看到那张桌子确实是空着的，我这才知道。他大概看我是个没有生活来源的青年，所以想给我安排一个理想的工作岗位。是的，这确实很理想。见到这个编辑部的崭新的精神面貌，待人的真挚热情，感到无比亲切、温暖。我当然愿意和他们一起工作。可惜当时我急于赶写《大地的海》，所以就没有到这张有纪念意义的桌上来办公。不过，我的长篇小说《大地的海》却在鲁迅先生逝世后，经过茅盾先生的介绍，在生活书店出版了。

韬奋先生以身作则的奋斗精神，当时在上海五花八门的出版界，开创了一代新风。生活书店成了进步的营垒，它成了培训新型干部的大学校，生活书店始终不渝地信守着为人民服务的信念。

它的门市部是向着人民群众敞开的，门市部就成了图书阅览室，读者可以随手向架上取书长时间地阅读，有的人甚至还在做笔记。韬奋先生和他的战友一起，还计划出版一套通俗易懂的《图书室文库》，从科技到哲学都包括在内。他的眼光特别注意到边远的地区，那里有了这一套丛书，便等于有了一个小型阅览室了。韬奋先生经常在现实生活实践中总结经验，按照人民的需要，开展新闻出版工作，和人民群众同呼吸，共甘苦，决不脱离实际。韬奋先生的创业精神和为人民服务的一贯作风，在中国新闻出版方面正在和时间一样增长；《生活》传统随着中华人民共和国成立后人民出版事业不断扩大，在海内外得到继承和发扬。

（选自1978年12月香港三联书店版《生活·读书·新知三联书店成立三十周年纪念集》）

邹韬奋与《生活日报》

胡愈之

　　邹韬奋同志是一个真诚的爱国主义者，革命的民主主义者，优秀的文化工作者，最后他成为共产主义者。

　　韬奋不幸过早地去世了，他参加革命工作，实际上是从1931年九一八事变开始的，到他去世为止的短短十三年中，他坐了一年监牢，经历了三次流亡。在这期间，他为中国人民做了三件好事：第一，创办《生活》周刊和合作社式的生活书店，以及由生活书店出版的许多进步刊物；第二，他到美国和苏联参观学习，写出介绍社会主义和资本主义两个大国实际情况的四本著作；第三，创办了《生活日报》。

　　《生活日报》是1936年6月7日在香港创刊的，到同年8月1日，由于物资困难而被迫停刊，只有五十五天的寿命，剩下《生活星期刊》，转移到上海继续出版，不久也被国民党封闭了。和以前两项工作相比，办报纸这一项工作遭受的阻力最大，效果比较小，甚至可以说是失败的。失败的原因，韬奋和他的战友们如何在十分恶劣的环境中艰苦奋斗，仍然不能克服困难以至于停刊，在《韬奋文集》第三卷《在香港的经历》中有详尽和生动的报道，用不着我在这里重复了。我要说的是韬奋一生对未来中国新闻事业的抱负和理想，对于参加新的长征的我们这一代的新闻工作者也许是有参考价值的。

据韬奋自己说，他在小学的最后一年，就在心里决定了要做一个新闻记者。生活逼迫着他，不得不用半工半读的方式，读完了中学和大学。以后找到一份固定的职业，这就是中华职业教育社的机关刊《生活》周刊的总编辑。这是韬奋写作生活的开端。但是韬奋立场转变，要把《生活》周刊办成完全为人民大众服务的刊物，则是从1931年九一八事变以后开始的。到了1932年，即"一·二八"运动以后，《生活》周刊坚持抗日救亡，反对国民党的"先安内后攘外"政策，销数骤增到三万多份。这个数目现在看来很小，但在当时全国出版的刊物，从没有达到这样大的数目。《生活》周刊影响的扩大，重新燃起了韬奋创办报纸的热望。大约在1932年上半年，韬奋和戈公振、毕云程、李公朴等几个人联名发起创办《生活日报》，首先是刊登广告，向读者招募股款。这一报纸采取股份两合公司的组织。所谓两合公司，就是由有限股东和无限股东两者合资经营的。有限股东的唯一义务是投入资本。无限股东则是几个公开宣布的创办人，在政治和经济上担负无限责任。创办人即无限股东，公开表示以办好《生活日报》作为终身职业，不当官，也不参加任何政党，以此保证这个报纸永远为人民大众服务。

《生活日报》筹办的通告发表以后，全国各地的《生活》周刊读者纷纷向指定的银行认股缴款。第一期的股款在一两个月内就完全认足，有的把现款寄给银行。报纸还没有出版，就得到广大读者群众的信任，这简直是奇迹。

当时韬奋在政治斗争上还没有熟练，在国民党白色恐怖的统治下，要由人民大众自己当家做主，办一家大报纸，能行吗？国民党以《生活日报》未向国民党登记擅自登报招股施加压力。不久以后，韬奋只得以个人名义发表《生活日报》停办通告，两千多个读者所认缴的股份，连同利息一律发还。不但《生活日报》没有办成，过了一年多，连《生活》周刊也被国民党查禁。韬奋不得不流亡到国外。

这些磨难并没有使韬奋断绝办报的念头。1935年，韬奋回到上海不久，中国早期的著名新闻工作者、《中国报学史》的作者戈公振也从莫斯科回来了。戈公振是韬奋的亲密战友，也是《生活》周刊的撰稿人。韬奋原和他约定回到国内，重整旗鼓，把《生活日报》重新办起来。没有料到戈公振回到上海，不过二三天竟暴病而亡。这使韬奋感到万分悲痛，也使他的办报计划遭到重大打击。当时正是"新生事件"发生之后，杜重远还在牢里。

继《新生》周刊之后，由生活书店创办的《永生》和《大众生活》也先后被迫停刊。韬奋在上海有随时被捕的危险。因此，到了1936年年初，韬奋筹措了很少的资金，到香港去筹办《生活日报》。韬奋和党已有了联系，当时抗日救亡运动在华南有了发展。韬奋办报是为了配合中国共产党，宣传抗日民族统一战线。香港是殖民地，中文报纸同样是要受当地政府检查的。但是在殖民地的新闻检查，却比在半殖民地的蒋管区要宽大一些。例如"帝国主义"不能公开写出来，写成"□□主义"就可以了。至于要求抗日救亡、要求民主等等，在国民党地区是要作为"危害民国"罪惩办的，而香港政府则置之不问。这也是韬奋决定到香港去办报的一个原因。但是香港的进步报刊不能运入内地，读者有限，报贩是受那些反动的报纸操纵的。加上印刷、排字、住房等困难，把仅有的一点资金全部用光了，不得不收场，这是韬奋没有预料到的。

尽管经历了办报的无数困难，韬奋仍然认为理想的《生活日报》是一定会出现的。在香港《生活日报》创刊以后不到半个月，韬奋写了《关于〈生活日报〉问题的总答复》的一篇长文。里边最重要的一句话是："只有在新中国才能有理想的《生活日报》。"什么是理想的《生活日报》呢？韬奋提出三个"必须"：必须是反映全国大众的实际生活的报纸；必须是大众文化最灵敏的触角；必须是五万万中国人（连国内国外的中国人合计）一天不可缺少的精神食粮。

韬奋又说："因为是反映全国大众的实际生活的报纸，所以必须成为一切生产大众的集体作品，必须由全国各地的工人、农民、职员、学生直接供给言论和新闻资料，而不是仅由少数的职业投稿家和新闻记者包办一切。因为是大众文化的最灵敏触角，所以报纸的内容，应该是记载一日中全中国乃至全世界各地大众的生活活动和希望要求。因为是人民一天不可缺少的精神食粮，所以这报纸所登载的消息，绝不是要人往来、标金涨落等等，而是和人民大众有切身利害关系的一切东西。

"从这里，我们可以想象出未来的《生活日报》的一个轮廓。一百二十层楼上面的《生活日报》编辑部，每天由飞机送来各地工厂通信员、学校通信员、农场通信员的专访通信。屋顶的短波无线电台每天收得几千万封国际特约电讯。这些通信和电讯，报告了一日中世界各地的生活活动。比方阿尔泰山的国营金矿，昨天生产多少纯金，扬子江上游的大水力电厂，生产二万瓦特的电力，都可以从每天的报纸上看到。国际新闻绝对不是由外国通讯社包办，而是由报馆直接组织了全世界的通信网。在南美或非洲无论哪一个角落发生的事件，十五分钟以后，就可以在《生活日报》上找到详细的正确的报告。

"我们不希望销路十分大，每天大约是印五百万份，换句话说，平均每一百个中国人，有份《生活日报》。"（以上引文见《韬奋文集》第一卷。）

从思想上说，韬奋当时还只是革命的民主主义者，还不是马克思主义者。他所描绘的理想的《生活日报》，有一些是出于主观主义的，没有科学根据的。但他是革命的乐观主义者，他是想用办报的理想来促进新中国的实现。新中国成立已快三十年了。韬奋这种抱负和理想，已经实现了一大部分。但是总的说来，我们的新闻工作离开现代化，还有一定的距离。那么，四十多年前邹韬奋同志的主张，不也是在今天推动我们前进的一种力量吗？

（原载于1979年6月《新闻战线》第3期）

百年中國記憶 BAINIAN ZHONGGUO JIYI

第三辑

一腔热血　尽瘁事国

哀悼为新民主主义奋斗的战士邹韬奋同志

吴玉章

　　近代中国文化界，在新闻事业、出版事业上，最有成绩、最有创造能力的，要算邹韬奋同志。经验告诉我们，如果为宣传工作而不是为一般营业的报纸，则一定是赔钱而且常常为反动势力所摧残。韬奋同志深知这一切，因而在九一八事变后，一面以《生活》周刊来鼓吹抗日救国；一面创办生活书店以作服务进步文化事业的中心，并借以支持杂志。因此1933年年末，周刊在遭国民党当局封闭后尚能继续创办《新生》《大众生活》《永生》《生活星期刊》《抗战》三日刊，及《全民抗战》。这些刊物虽屡遭当局封禁压迫，而当其盛时发行至二十万份以上，打破了报界的历史纪录。它们在促进抗日民族统一战线方面都起了很大的作用。这些成绩都是韬奋同志实事求是、艰苦卓绝的精神创造了许多新的办法而取得的。生活书店是一种合作社的组织，韬奋同志在经济上不仅廉洁不苟，而且事事清楚，有条不紊，深得大众信任，成为他们工作上的好模范。生活书店出版的书籍极为广大群众、特别是青年所欢迎。尤其可贵的是韬奋同志的群众观点及为劳苦大众服务的作风，他常常为群众指示解决生活问题，在刊物上特辟通信栏以与群众通信，这是接近群众、深入群众的好方法。生活书店在全国发展至56个分支店，以至于国民党当局企图收买而不得，转而查封、捕人，使其不能存在。国民党当局的反动诚可恶，而这些书报反因此而影响愈大，群众的觉悟认识也更加深刻，反为之做了宣传工作，这是反动者始料未及的。

我觉得韬奋同志在文化事业上的作风、能力诚然宝贵，而更宝贵的是他为新民主主义而奋斗的精神。他生前不是我党党员，但他极赞同我党抗战必须实行民主政治才能动员全国人民得到最后胜利的主张，尤其深信我党提出的新民主主义，他早就认为现在的民主政治不是一般的、抽象的，而是"适应激变时代以促进国家的进步"的民主政治。他在翻译《苏联的民主》那本书的序上说：

"常人想到民主，往往只想到选举制度、民意机关等等，这些当然是民主政治中的重要部分，但是真为最大多数人民谋福利的不应自足于这样狭隘的范围，应把民主的原则扩充到全体人民各部分的生活中去，这才是真正有效的民主，才能符合于美国林肯总统所谓'民有民治民享'的民主定义。我觉得这本书所叙述的内容,应能给予我们最深刻的印象，就是在苏联今日，民主精神已广大而深入地渗透于全国人民各部分生活中去。"

　　韬奋同志亲身到苏联游历考察，他深知苏联是世界上最强盛的国家，而"它的强盛"并不是少数人的力量，而是苏联的民主能彻底动员了全国一万万七千万的人力来共同奋斗的成果。苏德战争爆发以来，苏联能粉碎法西斯野兽疯狂的进攻，驱逐德寇出境，更使他坚信：只有新式的民主主义才能动员全国人力来战胜敌寇，才是新世界新中国的光明前途。我党实行的新民主主义与苏联虽不一样，但它是合乎时代、适于国情的新式的民主主义，因此，韬奋同志极愿为实现新民主主义而奋斗。近年他到了我敌后抗日民主的根据地视察研究，"目击人民的伟大斗争"，更使其看到"新中国光明的未来"。在遗嘱中要求我党中央追认他入党，这就证明他认识了只有我党所实行的、为全体人民谋福利的新民主主义，才是抗战必胜、建国必成、达到新中国光明前途的正确道路。遗嘱将其骨灰送往延安，这就表明他的肉体即使化为灰烬亦不愿葬于寡头专制的黑暗地域，而愿归依于新民主主义策源地——极光明的延安，以作他死后永远的安慰，这是多么令人动容的感情呵！

　　我希望反对民主政治的顽固分子看了韬奋同志的遗嘱有所感动。他"最后一次呼吁全国坚持团结抗战，早日实行真正的民主政治，建设独立自由幸福的新中国"。这是代表全国人民的公意。现在全国人民鉴于正面作战的节节败退，一党专政日趋贪污腐化，人民生活得朝不保夕，群众要求立刻实行民主、改组政府、改组统帅部。这正是救亡图存的急救方法，不但拯救国家民族，也拯救国民党。可是顽固分子不但不采纳，反而恼羞成怒，以政府权势武力相威吓。顽固分子是顽而不固的。现在人民陷于水深火热之中，早已惶惶不可终日，其所以还不忍说推翻政府者，因为它还打着抗日的旗帜，希望它能团结抗战，真正有实行民主的觉悟以保持抗日民族统一战线，争取最后胜利。如果政府想利用人民的忍耐性，以为有五百万军队，对外不足，对内有余；以为"人言不足恤"而继续倒行逆施，要知道兵士虽然是由你们绑着来的，但他们也是人民，与人民血肉相关，一旦到了人民忍无可忍，"民欲与之偕亡"的时候，那就悔之无及了。如果不信，请看过去专制魔王的结果！

我希望我们为新民主主义奋斗的战士，看了韬奋同志的遗嘱更加努力奋斗。韬奋同志给我们以深刻的信念，使我们更坚决地向新民主主义新中国的光明前途迈进。我们要以完成新民主主义事业来纪念我们已死的、却是新生的永远的同志。

（原载于1944年11月22日延安《解放日报》第1版）

韬奋在梅县江头村隐蔽的日子里

陈启昌*

逃出虎口 隐蔽山村

1941年1月，国民党政府为了实现其对日投降的阴谋，企图以中日联合"剿共"结束抗战局面，掀起第二次反共高潮，发动了皖南事变，同时在国民党统治区各地全面封闭抗日团体，迫害爱国抗日志士，摧毁抗日文化。韬奋同志为抗议国民党政府的倒行逆施，于2月间毅然辞去国民参政员的职务，与茅盾、胡绳等大批文化战士先后出

---

* 陈启昌原名陈炳传，又名陈劲军。中共党员。第一、二次国内革命战争时期，曾先后任广东梅县特支组织委员、团县委书记、团地委书记等职，后在马来西亚、印度尼西亚、中国香港等地从事革命活动。中华人民共和国成立后在广州哲学社会科学研究所工作。1969年4月去世。

走香港。韬奋同志在港复刊了《大众生活》，并通过《华商报》全面揭露国民党政府反共投降的阴谋，为海外华侨及港澳同胞指出时局危机，号召他们团结一致，坚决拥护中国共产党提出的坚持抗日、团结、进步的方针，为争取抗战胜利而奋斗。韬奋同志为祖国解放事业而奋斗的坚定不移的政治态度及其顽强精神，对海外侨胞产生了极大影响，也引起了国民党政府对他的刻骨仇恨。

同年12月，日本帝国主义发动了太平洋战争，从12月8日至25日，仅仅18天时间，香港当局便宣布投降。180多万港九同胞沦于恐怖统治中。包括韬奋同志在内的200多名留港抗日文化战士，首先成为日敌、汉奸追缉的对象，处境特别危险。在这紧急关头，中共华南工作委员会接到党中央关于保卫中国文化界精华的紧急指示，立即集中力量组织营救。工作分三方面进行：在香港进行联络集中，秘密返回，在东江游击区组织武装力量进行接应、护送，在国民党统治区由廖承志、连贯两同志分别到曲江、老隆，部署向内地撤退的安全措施。

党在香港做了大量艰巨的工作，终于将落在日本侵略者虎口中的文化战士，全部安全地转移到东江游击区。与此同时，国民党政府估计到日本侵略者占领港九后，大批留港抗日著名文化战士，必将回到内地，便调遣广东所有军统、中统特务，到东江一带开展侦缉活动。这时惠州、河源、老隆等地的酒馆、旅店满布特务，以防日特、汉奸混入内地为名，在这些地区遍设港九难侨登记处。一方面通令所有港九回来的同胞必须亲往登记，领取难侨的身份证；另一方面增派特务，加强对水陆所有关卡的检查。当时我东江游击区的武装力量还薄弱，控制地区还很小，加之国民党政府正利用日本侵略者进占港九机会，以整师正规军兵力结合地方团队，配合日本侵略军的行动，对我东江游击区实行两面夹攻。因此，我东江游击队经常处于作战和流动状态中。为了确保抗日文化战士的安全，必须迅速让他们通过国民党的封锁线向"大后方"转移。

国民党统治区的保卫工作，在廖承志、连贯两位同志的直接领导下进行。他们利用其在一年前亲自组织的抗日民族统一战线原则，以"争取中间势力"为目的建立起来的商行，以及商行所发展的社会关系组织作掩护，通过商行的关系，向国民党惠龙师管区司令部领到几百张港九难侨身份证，送到游击区发给这些文化战士。再利用国民党驻老隆税警团的掩护，在当地设立商行办事处，以招待香港股东逃难家属的公开名义，把文化战士接待到预设的招待所里。更利用平日以经济利害和军统特务西南运输局监察处运输检查站建立的关系，使自己商行的车辆穿走老隆、曲江一带不受检查。这样一来，便避开了特务的登记审查，及遍布酒馆、旅店和沿途关卡的侦缉爪牙。

1942年3月底，撤退任务基本完成，国民党政府的侦缉计划全部落空。我党抗日民族统一战线政策的正确，策略方面的巧妙运用，迫使国民党政府的主观意图完全落空。到了4月间，撤退的最后一个问题就是如何保护韬奋同志的安全问题。他是最后一批到达老隆的，原计划也要转送他到桂林去，但这时华南党组织接到中央电告，谓国民党政府已密令各地特务机关严密侦查韬奋行踪，一经发现即行就地枪决。组织研究决定，把韬奋同志隐藏到梅县舍坑我家里去。当时交给我的任务是："公开隐蔽，严密防范，保证安全。"

到"柴大官人庄上"

到梅县舍坑江头村我家隐蔽，对保卫韬奋同志的安全具有几个有利条件：因江头村是梅县的一个山村，有六七十户人家，多是姓陈的；地处梅、丰两县的边区，大革命失败后，青壮年男子多已逃往海外，这里不再是国民党政府注目的地方；政治条件好，各阶层群众对国民党的统治极为不满，而且有过血海深仇。第一次国内革命战争时，梅县第一个搞农民运动的陈嘉模就是以同姓关系入手，在这里组织起第一个乡农民协会。第二次国内革命战争时，这里也是一个苏维埃村，舍坑区苏维埃政府曾一度设在这里，曾遭受国民党的多次"围剿"，屠杀了30多人。

由我父亲专职保护韬奋同志。他过去曾与陈嘉模在家乡一道搞农运，并参与第二次的革命斗争，斗争失败后祖母被杀，不能在家乡立足，便携全家幼小逃往南洋，直至全面抗战爆发，国共再度合作后，才携带部分家人回到家乡。这时候他已是归国华侨，10年前的往事，不大为人注意了。他一向为人正直，在乡间有一定的社会威望，历史上经受过残酷的政治斗争，因而也有应付各种事变的经验和办法。

我自己则于1941年与几位同志，根据党的指示回到广东省战时省会的曲江，创立前述商行任经理，利用这个地位与梅县的上层文武官员、较出名的城乡绅士交上了朋友，建立起各种不同关系。在梅县的县、区、乡大小衙门里都有新旧的戚友关系。在梅县的人们心目中，我已不是过去的"共匪"，而是"财源通四海，往来无白丁"的"上层人物"了。因此只要安上一个适当的名义，把韬奋同志接住我家，绝不会引起人家任何怀疑。记得行程已定，在老隆义昌楼上××行老隆办事处候车的一个下午，韬奋同志曾和我开过一次玩笑，说："我们现在有点像《水浒传》的好汉上梁山的情景。一想到上梁山，我便联想到你这位'柴大官人'，今天我要到贵庄奉扰大官人了！"讲完话张口大笑，脸上没有半点逃难的苦容。

"不过我们的柴大官人，祖上却没有陈桥让位之功，也没有先朝钦赐的丹书铁券，但囊里却有党授予的抗日民族统一战线的法宝，运用起这套法宝，使现代沧州衙门不敢正视您，高唐州的殷天赐和高廉辈也无所逞其伎俩。"韬奋同志补充说，说完又开怀大笑。

我把韬奋同志带到家里，是以××商行港侨股东李尚清（难侨证上的名字）因脑病，在曲江经不起敌机轰扰，来乡间休养的名义出现的。我暗中对父亲加以郑重说明。韬奋的名字我父亲是熟悉的，在南洋也读过他的一些著作。因此对他的安全更为关心。我们把韬奋同志的住地安排在一个老学堂里，我父亲及我的一个孩子伴随他，也搬进那间老学堂同住。

就在这个时候，从好多方面可以看出国民党特务对韬奋同志的侦缉活动是一天紧似一天了。

当日敌占领香港后不久，曲江国民党党报的《时人行踪》栏，第一次登出韬奋同志的消息："邹韬奋、茅盾、夏衍等10余人，由香港乘小渔船逃往广州湾，因中途遇风覆舟，估计可能已因此丧命。"过了不久，第二次发出消息："据闻邹韬奋等已到东江游击区，在游击区担任政治文化工作，前讯广州湾遇险消息不确。"在韬奋到达老隆期间则谓："邹韬奋原在东江游击队，后因日寇进攻，闻已离队住在东江乡间。"

过了几天，我到梅县城里去"摸行情"。到了该县县长处，他当着我和几个老同学的面大发牢骚，责骂特务尽找他的麻烦："谁知道柳亚子在什么地方？我和他又有什么关系？"一边说一边从抽屉里找出一封电报，该电报是柳亚子的友人从重庆发出的："梅县县政府转交柳亚子先生，老友均好，请即回渝，并转告其他由港回梅诸友。"特务试探性的毒爪已伸到梅县来了。柳亚子当时也是国民党特务要"就地格杀"的对象之一。在一月前已由我们接送到曲江，隐蔽在曲江××商行的一个股东家里。

我由梅城回到家里，把情况与韬奋同志及父亲研究，一致认为必须严密戒备，一面组织武装保卫，一面做易地隐蔽的准备。

我们估计，特务纵使发现韬奋疑踪，也还要经过一番深入侦查，收买内线，组织拘捕等一系列活动。但村里可能充敌内线的人极少，即使可能找到，由于许多条件限制，特务也不会采取公开拘捕的办法，很可能采取秘密绑架的形式，而且夜间行动的可能性大。

家里已有一支左轮和一支驳壳枪，我通知外甥李彩风来家同住，万一发生意外由他与父亲两人实行武装抵抗，另叫同住的孩子领引韬奋跑往隐蔽地的方法和道路。此外并添购武器，发交族内贫苦正派的可靠青年。对他们公开的说法是：李伯伯是外来的客人，因地方不宁，为防范土匪绑票，必须做好准备。不论白日夜间，只要听到老学堂的螺角声或枪声便来救援。氏族祖上存有步枪10多支，但锁在仓里面，通过我的建议，全部发给族内青年专人保管使用，并议定村内盗匪警报信号一响，大家便要勇敢上阵。同时号召大家提高警惕，严密注意来村的担贩及陌生人的行动。

在积极准备对特务斗争的几天内，我父亲根据过去反"围剿"时的经验，反复告诉我们在晚上如何辨别狗吠的声音，从中判断是个别过路人还是大队人马及远近。一连几个晚上，我们都进行辨别狗吠的演习。韬奋同志曾几次匍匐在地上静听村头村尾狗吠的声音，还进行了在各种不同条件和情况下跑往隐蔽地的演习。我们还进行了利用地形地物进行武装抵抗等的演习。

在初到我村的几个白天，韬奋同志以踏看陈姓祖屋、祖坟为名，与我父亲背着罗盘，借此熟悉全村的地形地势和通路。每次回来不仅没有倦容，而且认为这是极有意义的生活和锻炼，是他一生中别开生面的一页。

"山村夜谈"传知识　　"寻龙捉脉"广调查

韬奋同志在江头村近半年的隐蔽生活，主要是：晚饭后参与"山村夜谈"，白天只要是天晴气朗，便与我父亲背着罗盘，以"寻龙找穴"为名，穿山过屋进行调查访问。

在这六七十户人家的山村里，人们的主要业余活动就是晚饭后聚集聊天。老学堂位于全村的中心，自从我父亲和韬奋同志搬往那里后，便成为晚上聊天的集中地。每晚总有二三十人次，其中绝大多数是农民，聚谈村内公私事件、天文地理、古今中外的新闻或史话。大家对提出的话题有补充，有质问，有是非争论，无拘无束，各抒己见。韬奋同志对这样的农村夜谈评价极高、兴趣极浓。他说这里是村里人民生活经验交流的场所，是思想智慧的源泉，是乡村文化的特殊形式。他又说：这对他来说是一所"夜大学"，在这所"夜大学"里，可以听到过去没有听到过也难以听到的课程。他愿意在这样的"大学"里当个学生。他是夜谈会中最积极的成员。最初，他不懂客家话，要由我父亲为他作扼要的翻译。为了克服语言的困难，他曾刻苦学习客家话，拜孩子们为师，并把日常用语写出来，用英文字母注音。日常生活中则学一句用一句，讲错了就请人纠正。不到两个月，基本上能听懂客家话，也能和大家做日常生活的简易交谈。

在夜谈会上，村里群众给韬奋同志提供了很多生动具体的现实生活和历史资料。为弄清一些重要问题，他常常和我父亲二人背起罗盘，以"勘察祖坟""寻龙捉脉"为名，进行实地调查。

一次夜谈中，群众讲述了两年前关在本村的新兵，因不堪国民党军官的虐待，破监逃走，其中有五位受伤，被捉回来后活活地惨遭杀害，挖去心肝，挖出来的心肝一个个用竹片撑开，挂在永怡楼门口的竹竿上，直到晒干了才收回去。住在永怡楼的陈福连，这时正害着病，一看见人心肝便被吓死了！

听了这骇人听闻的事件，韬奋和我父亲以看我曾祖母坟墓为名，到对面山岭，顺路踏看国民党军官戮杀新兵的刑场，以及挂竿晒人心肝的墙头，访问被吓死者的家属。韬奋非常沉痛地倾听死者家属的泣诉。他后来对我说："抗战初期我曾到前线慰劳抗日战士，亲眼看到他们为保卫祖国忍受困难、牺牲自己的许多可歌可泣的事迹。同时看到受伤战士有的独自勉强支撑着走路，有的匍匐路旁奄奄一息，更有的满身血污卧在田野里挣扎，无人过问。我当时对国民党政府不关心战士疾苦，虽感愤慨，但以其还是实行抗日，未加深责。全面抗战爆发以来，逐步暴露了他们不是决心抗日，不是走向民主、进步，而是日益走向反共反人民，走向对日投降。他们过去无视前线战士的疾苦，甚至在后方屠杀新兵，绝不是偶然的，而是反动政治本质的必然表现。由此更显得中国共产党领导中国革命的坚定性、彻底性，自抗战以来的一系列方针政策的正确性，及其言必信行必果的伟大精神。"韬奋同志热爱祖国，热爱人民，随时补充自己认识上的不足。正是这样高尚的政治道德品质和高度的正义感，使他日益信赖和靠拢我们的党，成为具有共产主义觉悟的人。

夜谈会上还谈到山村人民的斗争历史。

韬奋同志对于村里革命斗争的史实十分重视。他详问每一事件的经过和人物，对有关的房屋和作战过的山头，他都背着罗盘去做实地观察。为了使韬奋同志进一步了解梅县地方的革命历史，我父亲设法把埋藏在梅县一个亲戚家里的两箱历史文献取回来，其中有整套当时党中央机关报《向导周刊》、团中央机关报《中国青年》、广东党区委机关报《政治周刊》、团区委的《少年先锋》、梅县地委的《青年旗帜》等。我父亲在距老学堂不远的鸣岗楼特辟了一个秘密书房，供韬奋读书用。韬奋看到这些书如获至宝、认真阅读研究。每天早、午饭后，村里人都到田里干活时，便由我的二儿陪着韬奋同志从楼的后门进到房里阅读。自从搬回这批文件后，韬奋同志非常兴奋和珍惜："好极了！我要利用这个时间认真补课。"还说，"中国人民革命的巨火在广东炽烈燃起来的时候，我还是一个不大关心政治的人。后来国共分裂，我也还是当作党派斗争。我自己不想卷入到任何党派斗争方面去。我认为谁执政都没有问题，只要能够政治清明，使祖国逐步走上富强的道路。我自己总是希望脚踏实地，为国家及人民切切实实做一些具体有效的事情。直到'九一八'事变发生，我投身到挽救祖国危亡的战线上，才逐步认识到挽救中国的唯一道路，只有唤起全国人民，实行反帝反封建的民族民主革命。从此，才认识中国共产党，按着党所指的方向努力。我对中国革命是半路出家，是通过自己的摸索，走了不少迂回道路的。"事实上，当韬奋发现救中国的正确道路之后，便一天天紧密地靠拢共产党，按照党指引的方向奋斗，勇往直前，义无反顾。

江头村接近丰顺，村里老少皆知丰顺的著名历史人物吴钩（即吴六奇）。有一次，夜谈会谈到吴六奇。韬奋同志说他在一本名叫《风雪英雄》的书上看到这是一位"知恩必报"的"风雪英雄"。但从大家讲述的民间故事看来，此人并不是什么知恩必报的英雄，而是一个忘恩负义杀人不眨眼的魔王。韬奋同志觉得十分惊诧，于是一连几天邀我父亲同去参观离我村五六华里的"吴钩岩"（相传是吴六奇未发迹时的山岩住地），又访问相传是吴六奇部将隐居的莲花庵和回龙寺，并在附近地区访问一些老人，参阅丰顺的地方志，从各方面考证这位历史人物。考察的结果，认定事实是，吴六奇原系一个富家纨绔子弟，是一个赌徒，后来赌得倾家荡产，连房子也卖得精光，万不得已钻进附近的山洞里乞食过日，这就是"吴钩岩"的由来。他在邻近庄稼地里偷薯挖芋，或在近处山村的屋前屋后偷鸡盗狗，交结了不少"江湖好汉"，逐渐成为丰顺县内著名的黑社会大头目。明末，张献忠、李自成领导农民起义，广东农民随后也揭竿而起，吴钩也在丰顺起义，在大埔、丰顺一带做了土皇帝。清朝军队打到了广东，他便接受招安，做了清朝的铁印总兵，清朝皇帝赐给他"授剿无分疆界"的权力。自此之后，他在潮梅东江一带疯狂镇压农民起义，成为一个杀人不眨眼的魔王。他得势后，许多过去的穷朋友去找他，他都说不认识。来找的人为了证明他们是老朋友，当面讲述当年穷困时如何一道去"偷薯挖芋"的往事，吴六奇冒起火来就判他一个匪盗罪名立即推出斩首。后来索性命令门官，凡有以旧相识为名求见的，一律杀掉。和他一起起义的将官在他降清之后都陆续被杀了。剩下两个得力的将官，则私自隐居到莲花山和回龙寺当了和尚。经过这样的调查，韬奋在"夜大学"中向群众复述他所探究出来的事实，群众的认识更清楚了，一致认为吴六奇并不是穷人，而是一个破落地主兼流氓。他和当时的汪精卫、蒋介石一样，利用共产党和工农打天下，打到了天下就又回手杀共产党和工农。对于我们穷人百姓来说，吴六奇正是一个忘恩负义、杀人不眨眼的魔王。韬奋同志极力赞扬民间的看法。他曾对我说，这是他有生以来第一次真正深入下层群众，由此得到不少教育。

处处存足迹　山村留佳篇

韬奋同志力求深入劳动人民的生活中。6月农忙，他争着到田间送茶送水，晚上，他总想向人索取打禾的绞棒，帮农民打一打。人家不愿给，都说："这不是李伯伯做的，我们怎能给你干这样的粗活。""我要学一学，尝尝辛苦味儿。"在韬奋同志的再三请求下，才得到干农活的尝试。

一次夜谈会上，讲起孔夫子不吃豆腐的故事。为了解决人民在豆腐生产上知其然不知其所以然的疑难，他曾做过一次有趣而深入的实践。据说，七八斤豆子可以做出一锅二三十斤豆腐，剩六七斤豆渣，一斤多豆壳，还有十多斤豆腐水可做猪、牛的饲料。端阳节我家里要做豆腐，他便与我父亲和我外甥约定，他要自始至终参加，并与我外甥做了一个考察记录的计划。他从买回来的大豆过秤登记开始，再从大豆制成豆腐的每一个工序中，所加进和新产生的物质的增减数量，都分别进行过秤和登记，豆腐制成后，便将记录的数字亲自核算，列出物质数量变化平衡表。韬奋同志通过这一实践，找到了大豆磨成豆浆后，在一定的温度条件下与盐卤发生化合而制成豆腐的客观规律，以及在这一化合过程中所发生的各种物质数量变化及平衡的客观规律。他掌握了豆腐生产的全部知识。在一次夜谈会中，他向群众做了生动的解释。他说："孔夫子不吃豆腐只是传说，但他不懂得如何把黄豆制成豆腐这倒是可能的。幸好我在大家的帮助下弄清了制作豆腐的过程，否则一天、两天，一月、两月都还弄不清楚，我也许也会不吃豆腐的。"解释得有趣有理，听的人哈哈大笑。韬奋同志教育大家，这些道理就叫作科学。无论什么事情都有它的科学道理，将来大家都懂得了科学，就不会迷信，就能够相信自己的力量。

韬奋同志对全村的青少年爱护备至。不论谁找到他，也不论提出什么问题，他一定耐心细致地帮助分析、交谈，给予满意的解答。我的五弟在曲江读书，暑假回来因用钱太多，被我父亲大骂了一顿，他哭起来。韬奋同志一面要我父亲息怒，一面劝导五弟。并把五弟日用账拿来，亲自核算，根据各个项目分别总结。然后用总结的数字对我父亲和五弟详加分析，指出哪一笔是必须用的，哪一笔是可用可不用的，哪一笔是多用的。韬奋同志这一实事求是的教育方法，使得我父亲及五弟均被感动得相对流泪。

村内儿童每有急性疾病，一定叫我父亲设法抢救。韬奋同志也一定与我父亲一起携带便药前往病儿家里协助护理。

韬奋同志特别注意培育孩子们的正义感和爱国主义的思想感情。经常利用一切机会给孩子们讲述中国历史上的民族英雄和抗日英雄的故事。村里受过他教育影响的孩子，有许多在解放战争前后参加了中国人民解放军。此外，他还经常和孩子们一道"打尺子"（农村小孩的一种游戏）、玩纸牌、游泳。夏天，韬奋同志常常卧在浅滩上，孩子们围着他，有的拉他的脚，有的骑在他的背上。有时，他故意一伸脚，或一翻身，把孩子们滚落在水里。有时，故意装作被压在水底，向水面呼出"连串的水泡"，弄得孩子们拍掌大笑。到老学堂来找韬奋同志的穷孩子，他常常给他们抹鼻涕，给他们洗手洗脸。正是这样亲密无间的关系，使孩子们都愿意听他的话。

所有这一切，使"李伯伯"的形象永远深深地印刻在江头山村的男女老少心里。

中秋惜别　亲人难舍

最初我们估计，韬奋同志隐蔽在江头村的时间可能较长，曾从各方面做了长期准备。韬奋同志也曾决定利用这时间写一部对当时中国革命斗争能直接起促进作用的中国历史。正在这个时候，得到中共地下党的通知，谓国民党当局在各地侦查不出韬奋行踪，特派"大员"驻广东，针对东江和兴梅一带指挥侦查。为此，党组织派了冯舒之同志（原生活书店的干部）来我家接韬奋同志往苏北解放区。决定行程的前两三天，即1942年9月24日，刚好是阴历中秋节。是日，用"李伯伯"的名义，在老学堂设便餐，邀请村里长辈和青年，表面是过中秋节，实际是韬奋同志向全村亲人告别。当大家明白后，几十对惜别的眼睛都凝望着韬奋同志，一时说不出话来。

夜深人散，韬奋同志和我漫步到老学堂门前的芙蓉树下，望着月夜的村景。"啊，江头村，革命的江头村哟！"他满怀惜别地叹了一句，接着对我说："炳哥！我不能忘记江头村，这里是我第一次深入接触的祖国农村，是我第一次和祖国劳动人民交往的场所。从这里我学到了许多东西，领受到语言说不出的深情厚谊。从这里引起了我不少残酷与壮烈的想象。在想象中，我看到历史的和现实世界的屠夫们的血手，也看见中国人民对着屠夫们的浴血搏斗。在这里的半年生活是我一生经历中有极深刻意义的一段，将来我一定要把这段生活写出一本详细的回忆录来。"

这一切已经是二十二年前的情景了！老学堂门口的芙蓉树已不知什么时候枯萎了，但红花已开满了现在的江头村，当年韬奋同志惜别的江头村，现在已经是社会主义的乡村了。

离别前，韬奋同志还给我父亲写了四幅中堂。给我写的一幅，是撮录鲁迅先生《狂人日记》的语句："翻开历史一查，歪歪斜斜的每页上都写着'仁义道德'几个字。仔细看了半夜，才从字缝里看出字来，满本都写着两个字是'吃人'。"二十年后的今天，全国人民在党和毛主席领导下，已把祖国土地上的吃人魔王消灭了。韬奋同志理想中的祖国已在党和毛主席的领导下，为伟大的中国人民创建起来了。韬奋同志啊，你安息吧！你用毕生之力去寻求的光明世界，将会越来越灿烂辉煌！

（选自《中国现代文学史资料汇编》）

韬奋在江头村避难的时候

袁信之

　　1941年12月7日太平洋战争爆发之后，香港很快就被日寇占领。当时有不少文化界人士，包括邹韬奋同志，都留在香港。党非常关怀他们的安全，特指示中共华南工作委员会设法营救。在广东东江游击队周密的部署下，韬奋于1942年1月11日脱险，到达东江游击区的白石龙村驻地。接着，组织上设法替他弄来了一张"身份证"，上面写着"姓名：李尚清。职业：商人"。以此作为掩护，由部队派人护送他经惠州到老隆。党把安置韬奋的任务委托给老隆侨兴行的经理陈炳传（启昌）。陈炳传随即陪送韬奋到他的家乡梅县，在县城西南一个偏僻的乡村江头村住下。然后，陈炳传又把掩护韬奋的责任交给了父亲。他父亲陈作民在第二次国内革命时期曾经领导过农民斗争。

　　韬奋被安置在一所古老陈旧的瓦屋居住。他在江头村隐居期间，生活安排得很有规律。每天一早，在床上做体操，白天看书。他看了许多中国历史书，也看文艺书如鲁迅著作等，尤其对广东农民运动史料很感兴趣。他曾经打算写一本观点正确、文字通俗的中国历史书。此外，他也很能接近群众，常常跟随陈作民老先生到各个山村去访问农民，虽然当地的客家话很不容易学，但他不久就学会了，能够用客家话和农民谈话。他常常利用农闲为农民讲《三国演义》《水浒传》等故事，他自己则向农民学习生产知识。所以凡是和他接触过的农民，都感到这位"李先生"不摆架子，不同于一般"先生"，都觉得他和蔼可亲。而韬奋对劳动人民的真挚诚实，也有极大的好感。

韬奋住了几个月后，一面感到这样下去不免"无用武之地"，有些不耐，另一方面由于国民党特务机关已经侦知韬奋隐居兴梅乡间。1942年8月间，韶关国民党报纸曾先后两次发表试探性消息，蒋介石还派了认识韬奋的文化特务头子刘百闳到粤东指挥搜捕工作。于是党决定护送韬奋到抗日民主根据地苏北去。

韬奋在决定离开住了半年之久的江头村时，为了感谢陈作民老先生的照顾，写了一幅立轴送给陈炳传，留作纪念。写的是撮录鲁迅先生《狂人日记》中几句讽刺旧社会的话语："翻开历史一查，歪歪斜斜的每页上都写着'仁义道德'几个字，仔细看了半夜，才从字缝里看出字来，满本都写着两个字是'吃人'。"这是韬奋身受的遭遇，发自内心的感慨。20年后看了这幅墨迹，尤感今日幸福生活的可贵。

韬奋住过的地方——广东梅县江头村，经过当地文博部门的调查确定，在一所古老的瓦屋门前，钉上了一块写有"1942.4—1942.9，邹韬奋同志避难所一址"的牌子；在距离那所瓦屋不远的另一所他住过的房屋（即作庐，目前已列为梅县市重点文物保护单位之一）门前，也钉上了一块写有"1942.4—1942.9，邹韬奋同志避难所二址"的牌子。

（原载于1962年11月4日上海《新民晚报》）

邹韬奋在作庐

卢伟良

　　1941年年底，日寇发动了太平洋战争。不久，香港沦入敌手。我们接到中央指示，一定要全力以赴，接待和疏散在万分危急中的200多名爱国知名人士和进步文化人。当短枪队将柳亚子、邹韬奋、陈汝棠等人护送到队部，已经是1942年的初春了。我们虽是第一次和韬奋先生见面，但他的形象早就深深地印在脑子里了。我们和战士一起曾多次为韬奋的精彩演说而鼓掌。回忆至此，他那不怕艰苦的神情时时浮现在眼前，似乎是昨天才与他分手，事实上他久别我们已40年了。

　　其时，韬奋离开游击队后，按照周恩来的指示，必须立即在广东境内隐居。由于廖承志同志早在一年前安排了陈启昌（炳传）、胡一声、丘克辉等人以办侨兴行为名，搞了一系列的统战工作。侨兴行总行设在临时省会曲江，在老隆、兴宁、梅县等地设了分行，有两部木炭汽车都持有国民党车特别通行证。陈启昌任侨兴行总经理，主要经营项目，却是从国民党政府手里觅取大量的难民身份证及输送转送"难民"。就这样，国民党妄图将香港落难的文化界200余名进步人士一网打尽的计划全部落空。由于当时到处贴着捉拿韬奋的照片，组织决定将保护韬奋的任务交给陈启昌和胡一声等人。最后又把任务落实到陈启昌的父亲陈作民先生身上。于是韬奋便来到了陈作民先生的老家——梅县舍坑江头村，住在一所比较僻静的老学堂里。不久又搬进陈作民的新居作庐，生活上由启昌11岁的次子陈汉辉负责。

作庐是作民从南洋回来重建家园兴建的新居。柳亚子先生为感谢陈作民父子对他的妥善接送，特为其新居题了门匾作庐，并另挥毫写了一幅巨型中堂，文曰："不是逢人苦誉君，亦狂亦侠亦温文。照人胆似秦时月，送我情如岭上云。"作民把柳老的题字给韬奋一一看了，并详细向韬奋汇报了关于如何送柳老到衡阳脱离虎口的经过。韬奋久久沉默不语，思念着许多亲人。

韬奋临别作庐时，也特为作民挥毫书了四条巨幅中堂，作为对曾经居住过的作庐以志永远的留念。开头一段写道："作庐为作民先生与其哲嗣炳传兄躬自设计建成之新型家宅，自创始以至完成，惨淡经营，历时二载。皆由主人躬自规划督察，艰苦备尝。余尝谓炳传此宅，在君家殆如艺术家对于亲手创造之艺术品，顾此艺术品仍仅表象而已。尤可感念者实为其所含之内容有非外观所能窥测者……"

韬奋在作庐居住时，开始心里感到悲痛。因为他不能为抗战振臂高呼，不能像在东江游击队时那样尽情演说，又不能在报上发表文章，这种隐居的生活，真是度日如年。陈作民非常了解韬奋这时的心情，便在他的面前亮出了几块小红布条，这是从十几年前藏在通讯员刘清英家的瓦缝里取出来的。韬奋一看，惊叫一声："啊！工农红军袖章！"陈作民又带他到山下祖屋侧边看那条十多年还未褪色的大标语："中国工农红军万岁！"以后，作民开始把自己的身世及有关亲身经历的粤东农民运动史，一一讲述给韬奋知道。

陈作民年轻时，家境清苦，除了耕一定的佃田，就跟着父亲陈鹤皋贩鱼苗、做豆腐、做米粉、宰猪等副业，以维持家计。作民没有正式上过学，为了不受人欺侮，才发奋自学一些古书。到了中年已有八个儿女。而国民党民团武装团总，与作民家有世仇，其主持的学堂竟不让作民的儿女上学。于是，作民便组合村中一些热心人，另外创办了一间学堂（即韬奋居住的老学堂），比团总办得更大。开学不久，陈作民便被关押到舍坑，罪名是违令私办学堂聚众闹事。花费了很多银钱，几经周折才被释放。不得已，便带着长子陈启昌（炳传）去太湖洋外祖父家就学。一路上滔滔不绝地嘱咐儿子说："父负米，子读书，父咐吾儿勿负父。"果然启昌读书非常努力，成绩总是名列前茅。十二岁便考入了由叶剑英同志等发奋兴办的私立东山中学，被同学们誉为高才生。这时他易名劲军，经常参加学生运动。在一次学潮中，梅州、学艺、广益等中学有不少学生被开除，劲军便把这些学生团结到东山中学，组织了救国运动团。当周恩来同志率领东征军到梅县清剿陈炯明残部时，救国运动团主动配合，做了一些力所能及的工作。周恩来同志委派政治处主任洪剑雄、副主任张维同志，负责在梅县发展党组织。劲军是第一个被吸收入党的人。接着劲军又介绍肖向荣、李仁华等加入了中国共产党，成立了梅县第一个党支部。大约一年之后，梅县、兴宁、五华、平远、蕉岭、赣南的寻邻、会昌、福建的武平等地主要汗镇均建立了党支部。在梅南，由彭湃同志派了原农讲所学员陈嘉模同志配合陈作民，掀起了舍坑地区的农民运动，作民任农运主席。1927年"四一二"蒋介石叛变革命，到处捕杀共产党员。劲军按上级指示，筹备了武装暴动，他自己是斗委会委员，5月12日占领了梅城。但由于敌我力量悬殊，加上后期和上级失去联系，城镇无法固守，只得撤到九龙嶂，与胡一声、郑天宝会合。又由于弹粮无法续供，于1928年再撤向梅县、丰顺交界的叶田。这时只能依靠陈作民的交通站向外通一些情报。同时还要接送由于"八一"起义南下失散的人员。当时古柏同志也只能避居在陈作民家的柴房里。为了设法和中央取得联系，组织委派我立即护送古柏上寻邻，后来他上了井冈山，并任三十六军军长。但梅县和中央的联系当时仍然很困难，劲军全家十余口因作民、劲军及夫人蓝柏章，都被国民党政府通缉，故全家经常在荒山草丛露宿，艰苦万分。最后只好在一个星夜走山路经汕头出南洋卖苦力谋生。家里留下作民的老母刘运招，因不肯说出交通站的联络信号，被白军惨杀，房屋被烧光。

作民一家的革命经历，给了韬奋以深刻的教育。韬奋早期也报道过一些有关农民运动的消息，但他在编者按的表态上却显示出其摇摆的立场，他主张对作恶多端的地主老财必须镇压，但要通过法律手续方可执行。陈作民向韬奋详细讲述了海陆丰、五华、梅县等粤东农运史实，又带他一一参观了本地国民党当局摧残革命人民的现场。韬奋多年希望能亲自到农运地区进行实际采访的愿望，想不到在江头村意外地实现了。作民深悉韬奋的所思所想，一天，在半夜里带领着六媳刘福英、次孙陈汉辉、三孙陈列到兰园屋的鲁草间，将1928年出走南洋前埋藏在地窖里的三水缸共产党内部书刊文件，全部挖了出来。有完整成套的早期中共刊物《新青年》《向导》，彭湃主编的《犁头周报》、农民运动讲习所讲义、《资本论》等马列著作、毛泽东文选、鲁迅的书刊等，甚至还有韬奋自己主办的刊物《生活周刊》及其他著作，工具书还有康熙字典、英汉字典等。由于封存合理，竟全部完整地保留下来。作民特地在鸣岗楼为韬奋布置了一个秘密书房，韬奋在这个山村里见到了如此丰富的书刊，那种高兴劲简直无法形容，天天如饥似渴地钻进书房拼命读书。

韬奋在作庐除了读书外，就跟挎着罗盘的作民先生爬山越岭，名曰查山龙看风水。其实是韬奋要拜作民先生为师，想把粤东的农民运动调查个一清二楚。可是在当时还是白色恐怖的地区，韬奋不能与其他人接触，只能单独向作民先生了解，朝夕相处，亲如家人。韬奋得到深刻的阶级斗争教育知识，这是所有书本都无法代替的，所以他曾打算在江头村长期读书和写作，以弥补过去对农运及某些历史引论的不足。1942年9月底，韬奋在告别江头村时表示："一定要为革命的梅县写一个专著。"他对作庐的感情，在作庐落成纪念这一遗作中写道："尤可感念者实为其所含之内容，有非外观所能窥测者。"当然，韬奋所指的内容还不是我们所能窥测的。可惜这位伟大的爱国者只是为了爱国就受到国民党多次逼迫流亡，长期妻离子散，终因积郁成疾，于1944年7月24日和我们永别了。他所写的最后遗著《患难余生记》尚未写到"革命的梅县"就搁笔了。我们作为参加梅县革命的一员，除了向为人民鞠躬尽瘁的伟大的爱国者肃立致敬外，要特别珍惜他给我们留下的事事先为国家前途着想的精神。

同君一夜话　胜读十年书

胡一声

1942年年初，香港、九龙被日寇占领，我和一些同志奉命回到惠阳。领导上指出我们回来后的首要任务是接待和疏散由香港逃回的爱国知名人士和进步分子，工作由东江纵队驻惠阳办事处的卢伟如（人都称他"高佬卢"）等同志负总责，连贯同志驻老隆负分配疏散总责。廖承志同志则在惠阳统筹兼顾，统一指挥。我和李伯球等同志即雇小船溯东江而上，首先在惠阳、河源、老隆建立接待分站，再到兴宁、梅县做好种种部署。韬奋疏散到东江，我是知道的。以后茅盾等经韶关到桂林去了；柳亚子等也经兴宁到韶关往桂林去了；而韬奋却不能前往，当时国民党最高当局密令各地特务机关，严密监视和搜索韬奋的行踪，如发现即"就地惩办，格杀勿论"，从东江至韶关、衡阳一线的国民党特务站都放着韬奋的照片。韬奋不得不暂时留在东江纵队。

　　1942年4月间，郑展同志奉连贯同志命前来梅县找我，要我在梅县找一安全妥当的地方安置韬奋同志。这是一个十分重要而需要严格保密的任务。我再三考虑，选中了畲江、丰顺交界处江头村的陈启昌家。陈启昌是大革命时期的战友，他的父亲陈卓民也是老同志。大革命失败后，他们父子被通缉，全家跑到南洋住了十多年。1940年，陈启昌也被英帝驱逐出境，他们回到故乡，修复旧居。那时，陈启昌又在韶关、兴宁、惠阳各地与东江纵队商业机构联系，经营生意，人们以为他是大老板，交游的客商很多。我觉得把韬奋作为商人安置在他们家里是最为安全妥当的。我和郑展同到江头村与陈家父子商量。他们一口答应，很快做了稳妥而慎重的安排，我们又征得连贯同志的同意，韬奋也很满意。不久由郑展护送韬奋去江头陈家，受到陈家全家老少的热诚欢迎和招待。韬奋常说，他好像住在自己家里一样。

　　韬奋在江头陈家住得很好，和乡间男女老少的感情也极融洽，但极怀念他在桂林的夫人粹缜同志和子女，曾有接其家属到江头来的想法。我们也极赞成，代为设法。9月，我突然接到电报，要我立即去韶关。在韶关我知道了国民党反动派已经得知韬奋隐居在梅县乡下，曾经派特务头子刘百闵亲去侦查，未获具体，一再电令广东方面的特务组织加紧侦缉，沿途重要关卡哨所都放着韬奋的照片和密缉令。上级党组织布置的任务是必须立即设法把韬奋同志护送出去。目的地是上海转苏北。经过周密商议，我即偕生活书店冯舒之同志返兴宁，坐船到畲坑圩转往江头陈屋，当面与韬奋同志商量。

　　韬奋同志充分理解党对他无微不至的关怀和爱护，坚决表示要到苏北新四军方面去，在中国共产党领导下参加武装斗争、抗日反蒋的实际工作，贡献他的一切，他也相信我党必能把他放在桂林的妻子儿女送到苏北去，和他共同参加民族解放运动的神圣事业。

他说他过去主张实业救国，提倡职业教育，是资产阶级改良主义的空想；后来还主张放弃武装，与蒋介石和平协商，联合救国，简直是与虎谋皮！他十分愤慨地说："我毕生办刊物、做记者、开书店，简直是'题残稿纸百万张，写秃毛锥十万管'了，但政权、军权还在蒋介石手里，他一声令下，就可以使千万个人头落地！千万本书籍杂志焚毁！连我这样的文弱书生、空谈爱国者，他都一再使我流离失所，家散人亡呢！我现在彻底觉悟了，我要到八路军新四军方面去，在毛泽东、周恩来、朱德等同志领导下，参加革命斗争，争取加入中国共产党。"

韬奋同志还恳切地对我说："你们是华侨，华侨对于中国革命运动历来是很有贡献的。孙中山的辛亥革命、黄花岗七十二烈士、讨伐袁世凯窃国称帝、省港罢工的胜利、北伐战争的胜利、抗日救国、民族解放运动都有华侨的功绩。据我所知，对敢于抗日作战的东北义勇军、十九路军和八路军、新四军、东江纵队等，华侨都以人力、物力加以最大的支援。你们做华侨革命爱国运动的工作是极有意义的，万万不可放弃。"对于日寇占领南洋各地后华侨的处境，他尤其表示关切，对我的妻子儿女沦陷在马来亚生死未卜，表示了最深切的同情和安慰。

他知道我过去写过一点作品和新诗，问我近来还写了什么。我说我们在香港办通讯社，自己每月每人领二十元港币生活费，凡是有稿费的文章，都向一些生活较清苦的文化人拉稿，我们只写无稿费的新闻报道，至于诗作，曾写过旧诗，后来最爱郭沫若同志的新诗，也学写过，但标语口号的味道很重，写了也不敢存，很久不写了。韬奋说他很少写诗，不讲韵律的新诗不喜欢写，专讲韵律的旧诗又没有时间去雕琢，所以索性不写。我说我最爱读鲁迅先生的《自题小像》诗。他说："鲁迅先生的作品都很好，我喜读他的小说，尤其喜欢他的匕首投枪式的杂文。他的旧诗也是意味特别隽永，感情特别炽烈。至于他的散文诗，我觉得尤其深刻动人，沁人肺腑！"他兴致勃勃地蘸笔铺纸给我写了一幅中堂，内容是鲁迅先生的一首散文诗：

　　　　历史上都写着中国的灵魂，指示着将来的命运。只因为涂饰太厚，废话太多，所以很不容易察出底细来。正如通过密叶投射在莓苔上面的日光，只看见点点的碎影。

这幅韬奋同志亲笔所题的中堂，全国中华人民共和国成立后我送给上海韬奋纪念馆，作为珍贵的韬奋墨宝，而留永念。

当时，我和韬奋同志谈心之后，对他更加肃然起敬，相见恨晚了。现在回想起来，真有"同君一夜话，胜读十年书"之感。

当晚，我和韬奋、冯舒之、郑展商定了护送韬奋出走的具体办法。次日，我先到兴宁县城，准备了两辆货车由兴宁直赴韶关，韬奋、冯舒之、郑展坐头一辆，郑展装作和他们两人不认识，以防万一。我坐第二辆尾随前往，万一发生意外，或韬奋被绑架等之事，我还可以设法营救。因为当时不断发生特务绑架、谋杀、失踪事件。

由韶关乘火车到渌口，由郑展护送，我在韶关等候消息。郑展眼看韬奋和冯舒之由渌口乘船向长沙、武汉出发了，即回到韶关来。这样，我们安全掩护韬奋同志达半年之久，又把他安全护送出去了，完成了千斤重担的任务，感到十分快慰，由衷地祝愿他一路平安，到达上海，安全转往新四军军部，对抗日救国做出更多贡献。

（原载于1980年11月5日上海《文汇报》）

韬奋脱险记

郑 展 **口述** 刘百粤 **整理**

我非常崇敬韬奋，永远忘不了护送他脱险的那些日子中最不平凡的经历⋯⋯

1941年年底，日寇侵占香港，中共中央南方局周恩来同志给八路军驻香港办事处负责人廖承志同志发来了紧急电报，指出：由于国民党在全国掀起第二次反共高潮，许多文化界人士和民主人士受到国民党的迫害，在国民党统治区站不住脚，撤退到香港。现在他们被困在香港，处境艰险。这批文化界人士中不少是我国文化界精华，要想尽一切办法把他们抢救出来，并转移到后方安全地区。

在廖承志同志的具体组织下，广东地下党和游击队立即行动起来，将邹韬奋、茅盾、胡绳、张友渔等200名文化人从敌人的虎口中分期分批抢救到东江游击区，准备秘密护送他们经过广东的惠州、老隆、韶关进入大后方。

就在这个时候，党派我到老隆，协助八路军驻港办事处的另一位负责人连贯同志接应、护送路经此地的文化人。

翌年4月下旬的一天，地下交通员从惠州送来了两位先生，其中一位，清癯的脸庞上戴着眼镜，难民证上的名字叫"李尚清"，"香港某某商行的股东"。我从连贯那里得知，他就是我久已景仰的韬奋先生。国民党当局已知道韬奋从香港回到内地，密令各地特务机关，严密侦查邹韬奋行踪，沿途各关卡都放有邹韬奋的相片，要抓他。国民党韶关特务头子还下令，"一经发现可就地处决"。连贯严肃地对我说："韬奋先生现在很危险，不能走，周恩来同志指示我们，要把他隐蔽在当地乡村，务必保证他的安全！"

随后，连贯叫我把邹韬奋护送到梅县，安置在梅县舍坑的江头村陈炳传同志家里隐居。

6月初的一天，连贯突然跑来找我，压低嗓音说："现在出了叛徒！粤北省委被破坏，廖承志也被捕了，上级叫我立即撤到东江部队去。"紧接着，他又交代我，以后要想尽一切办法将邹韬奋安全护送走。

这时，韶关国民党报纸的《时人行踪》栏登了一则消息："邹韬奋原在东江游击队，后因日寇进攻，闻已离队住在东江乡间。"紧接着，我们又接到地下党刺探来的情报：国民党当局已派遣认识韬奋的特务头目刘百阕专程来广东，指挥特务组织在东江和兴（宁）梅（县）一带侦查韬奋踪迹，他本人还到了梅县。

情况已非常严重。显然，韬奋已不能在梅县隐居下去，必须马上设法转移！

也就在这时，在这里的地下党员胡一声接到乔冠华自韶关拍来的电报，叫他"即来侨兴行谈生意"。胡一声到韶关后，乔冠华非常焦急地告诉他，国民党已得知韬奋在兴梅一带，并派出特务去搜捕。南方局周恩来同志指出，要立即设法把邹韬奋安全送到上海，然后转往苏北抗日根据地，并派来原生活书店（韬奋主办的书店）的干部冯舒之参加护送。

胡一声偕同冯舒之回到梅县后，即找我和陈炳传一起来商讨护送路线。决定把韬奋扮成患病要回上海休养的香港商人，冯舒之充当陪伴他的伙计，我则装作与他们萍水相逢的同路人，从旁暗中保护，一直将他们送到湖南，然后转交当地地下党再护送到上海。

9月27日，刚过了中秋节，韬奋便告别了江头村，在我和冯舒之的伴随下乘侨兴行运输货物的汽车前往韶关。韬奋穿着从香港逃出来时穿的那套银灰色的唐装，戴着礼帽，装成商人的模样，和冯舒之并排坐在驾驶室里，我坐在后面的车厢里。胡一声坐在另一辆车的车头里，一路尾随，准备万一第一辆车出了问题，马上向组织报告，及时援救。

两辆车疾驰而去，途经老隆、龙川、连平。每逢关卡检查，则由冯舒之拿着通行证出来应付，声称"老板有病，不便下车"。好在侨兴行的车过去常给各关卡的军警一点小恩小惠，检查比较"通融"，所以，总算一路平安无事，第二天便抵达韶关。

韶关，当时是国民党在广东的军政中心，特务密布，宪警林立，一片白色恐怖。我们将车开到市郊牛头潭，一下车便住进我事先联系好的香港汽车材料行韶关分行里头。

　　第二天，我到火车站买好当天下午6点钟开往禄口的车票。因为发现车站盘查得很严密，怕早去车站等火车会引起麻烦，所以，我和冯舒之计算好了去车站路上需要的时间，打算赶在开车前几分钟到达车站，一上车就能走。

　　第二天预定出发的时间到了。我们分别雇了三辆黄包车，冯舒之在前，韬奋在中间，我在后边，直奔车站。不料事不凑巧，在经过韶关市区时，有个地方发生了交通纠纷，路上围了一大堆看热闹的人，我们的黄包车过不去，想退出来已经晚了，后边蜂拥的人群把我们夹在中间！我连忙下车，二话没说，拉着韬奋就往人群外挤，马上又另外雇了车奔赴车站，可是已经晚了，我们赶到车站时，眼看着火车开出站去。

　　韬奋见状不由得叹息起来，我们也很惋惜。突然，我醒悟到火车站这地方很危险，不可久留，于是赶忙和他们一起雇车往回走。可是，我们在车站还是引起了国民党特务的注意。在回去的路上，我发现有个骑自行车的家伙紧紧地盯上了我们。我想这下糟了，决不能让他跟我们到住处！我正在为想法甩掉这个"尾巴"急得浑身冒汗的时候，忽然眼前一亮，发现在路旁人群中有一个国民党下级军官像是我认识的一个同乡，我想这下有救了！马上叫车子停下，大声和他打招呼，装作十分亲热的样子和他边走边攀谈起来，走了一段路以后，我回头窥探，那个盯梢者已无踪影，看来他以为"大水冲了龙王庙"，跟自己人发生了"误会"，知趣地离开了。

　　当天晚上，为了以防万一，我们转移了住处，在江边找了一个

"活动旅馆"（即专供客人住宿的船只），住了一夜，第二天，吸取了头一天的教训，终于顺利地乘上火车，闯过了韶关这一"关"。

我们买的是头等卧铺票。韬奋和冯舒之在一个车厢，我在隔壁的车厢。我知道车上的宪兵要进行一次例行检查，便事先跑到前边已开始检查的车厢里，仔细观察一番，心里有了数。然后，马上回来叫韬奋装作病重的样子在铺上躺下，额头敷上湿毛巾，旁边还摆上些药瓶子，低声向他们交代：等一下宪兵来检查时，一切由冯舒之来应付，韬奋先生不要起来，就说是发高烧，病得很厉害。韬奋听后点点头，从容不迫地说："行，你们说怎样做，我就怎样做。"

过了一会，一个国民党宪兵气势汹汹地来到了我们这个车厢。我听出他讲的话是我们家乡梅县的口音，心中暗喜。轮到查韬奋那个房间时，我就装作看热闹地凑了上去。

宪兵一见到韬奋躺着没起来，就厉声喝道："你是什么人？干什么的？起来检查！"韬奋皱着眉头，没有吭声。冯舒之赶忙递上预先准备好的假证件，按我刚才交代的话说了一遍。跟着，我用梅县话在一旁叹道："唉，刚才上火车时见到他就晃晃悠悠，快倒下了。"接着，又故意埋怨冯舒之："你怎么搞的，你们老板病得这么厉害，还让他出门……"

那宪兵见我是梅县人，转过身来，我看他紧绷着的脸皮开始松弛，乘机搭讪着问他："听长官口音也是梅县人，不知府上是哪个乡的？"有人说，"同乡三分亲"，果然不假。这回他说起话来，不但说话口气亲热了三分，连脸上都带着三分笑，完全没有刚才那声色俱厉的样子了。

就这样，又闯过一关。

火车到了渌口镇。下车后，我把韬奋他们安排在一家小饭馆吃饭，自己则过渡到湘江对岸，找当地地下党一位同志联络。这是路经韶关时，乔冠华交给我的一个关系，按预定计划，韬奋下一段的路程将转由他们负责护送。接头的这位同志住在一个商行里，可是恰巧出门去了。怎么办？渌口是国统区与沦陷区的交界口，偌大一个小镇没有多少人，却举目皆见国民党特务的关卡、岗哨。韬奋如在这逗留时间一长，很容易暴露。

我在小饭铺悄悄地与韬奋、冯舒之商量。韬奋沉着地说："不怕，船往北一开，那边就是沦陷区了，国民党特务鞭长莫及。"冯舒之也插话说："这一段路我比较熟悉，有我问题不大。"就这样，商定我在这里与他们分手。码头上，乱哄哄的一片，上船的人喊着、叫着，争先恐后向前涌。韬奋夹在人流中，马上就该轮到他上船了，突然，我看见他猛地转过身，挤过人群，向我走来。我还没弄清是怎么回事，他已经抢上前来紧紧地握住我的手："你辛苦了，非常感谢你，也非常感谢南方的朋友们！为了我，你们费了很大的劲。"他旁若无人，感情冲动地说着，忘掉我们原该装作不相识的。

一时间，一股激荡的热流冲遍了我全身。我也异常激动，真想最后拥抱一下这位可敬的文化战士，但处境险恶，嘴上不得不连连说："李先生，你赶紧上船吧，祝你一路平安！"

韬奋依然不顾一切地紧握着我的手不放。他带着颤音，诚挚地说道：“请你回去告诉南方的朋友，到目的地后，我一定要写本《民主在中国》的书跟大家见面，以此来报答大家！”看着他那为化装留了满脸胡须的清癯面孔，我情不自禁地掉下了眼泪。

在我的再三催促下，韬奋才转身上了船。轮船拉着沉闷的汽笛，很快就开了。我独自呆呆地站在码头上，目送着轮船远去，直至慢慢消失在苍茫的江面上，一种说不出的滋味交织在心头……

第二天，我没回韶关，而是根据乔冠华提供的地址，到桂林找到了张友渔，张友渔随即将我汇报邹韬奋脱险的情况转告给了南方局周恩来同志。

韬奋和冯舒之离开禄口后，当天晚上就到了长沙，可是在从长沙乘船往武汉的路上，由于江水浅，被迫离船涉水步行。沿途他们多次遭到日伪军的盘查，由于他们的机警、沉着，才安然渡过了这些险境，于10月初，到达了上海。不久，在华中局和上海地下党的周密安排下，韬奋通过敌人封锁线，渡过长江，终于被安全护送到了苏北解放区。不过，这些都是我后来才知道的。

韬奋所说的那本要跟“南方朋友见面”的书，后来还没来得及写，他就被病魔夺去了生命。但他那临危不惧、坚毅沉着的形象，四十年来却一直深深地印在我的脑海中，每当回想起这一切，仿佛又看到他戴着礼帽，穿着唐装，从容不迫地对我们说：“你们说怎样做，我就怎样做……”

（原载于1985年11月8日《中国青年报》）

韬奋同志在苏中抗日根据地

刘季平

1942年冬，大约是在11月下旬到次年1月上旬，是我同邹韬奋同志在苏中抗日民主根据地同住、同吃、同行的一个多月。那时，我已不再担任苏中二分区专员，回到苏中行政公署任文教处长。但文教处的多数同志已转到如东地区编辑教材，只有我随同苏中区党委和行政公署仍暂时留驻二分区东台县东部的农村中。11月下旬的一天下午，我们的机关已决定由三仓河附近转移到更东边的垦区去，忽然接到泰东县县长董希白同志的来信，说邹韬奋先生几经周折，由上海来苏中，希望我去看他。我和韬奋同志本来相熟，久别重逢，格外高兴，就立即骑马去相距二十多里地的泰东县驻地，于当晚把他接到我们新转移的垦区。并由苏中区党委立即电告新四军军部和中共中央华中局，军部因为所在的盐阜地区当时敌情紧张，复电建议他先在苏中逗留一段时间，而苏中区党委又决定要我具体负责接待他。这样就开始了我们朝夕相处一个多月的这一段生活。

所谓"同住"，不是一直同住在固定的居所，而是同在经常搬来搬去的这一处或那一处由农民临时腾出的住处。"同吃"，一般都是我们那时日常所能吃到的粗菜淡饭，只偶尔能特别优待，增加一小碟炒鸡蛋之类的客菜。"同行"，更非同寻常，是指每隔几天就要转移一下的夜间行军，这种行军有远有近，近的一二十里，较远的有两次，一次是由东台县东部转到如皋县东北部，一次是由如皋县东北部转到南通县东北部，行军时总是傍晚出发，一直走到半夜或拂晓，才能到达宿营地，等分好房子才能住下来。那时韬奋同志已开始患耳病（当时还只认为是中耳炎）。像这样的吃、住、行生活，实在是非常艰苦的，可是他却一直都显得十分愉快，甚至诙谐地说："在这儿，比他前些时经过东江纵队游击区好得多，因为在东江时，常在两侧都夹着稻田的小路上走夜路，而他的眼睛又不好，分不清路与田，老要滑倒吃苦头。在这里，我们给他配备了马，骑在上面他可以毫无顾虑地跟着队伍走。"

从群众中来到群众中去的典范

那一个多月，韬奋同志是亲自深入考察和了解中国共产党领导下的抗日民主根据地的一个多月，同时也给了我一个机会，得以亲自体会和学习他的好思想、好作风。

自相见后第一晚起，直到后来分别，除去我有时要去参加几次会议外，我和韬奋同志就时刻在一起，从未分开。起初，根据地的大部分干部和群众还不知道他来了苏中，每天只有来找我谈情况和工作的人才碰到他。这些同志谈工作时，不可能只限于谈文教工作情况，还总要涉及敌伪动态变化情况、各地群众的组织、生活思想情况，以至各级学校教师学生参加当地中心工作及对敌斗争的某些具体情况。他不仅很感兴趣，细心倾听，还往往很激动地参加进来，提些问题一起谈。以后知道他来苏中的人多了，专门来访问他的人就日益增多，有些学校或单位特地前来邀请他去讲话，这样我又反过来变成陪同他接待客人或出去走访群众的联系人。

在这期间，我对他产生了一个越来越想要弄明白的问题。他原先只是一个一般知识分子，一个刊物（《生活》周刊）的主编，后来不单是刊物的销量逐年增多，远远超过当时其他许多刊物的发行量，而且成为全国各地城乡、各阶层人士极为知心的朋友。仅就他来到苏中抗日民主根据地以后的接触面之大、之广来看，就令我非常惊异。不仅在根据地中有不少老、中、青、大、小知识分子和群众中的骨干积极分子仰慕他的大名，都很想找机会来看他，就连附近敌伪据点里的汉奸伪军中也有人特别设法送信来，向他说明苦衷，表达心意。我们转移到南通县东北乡后不几天，住在离骑岸镇不远处的一个农民家里，原想保守几天秘密，隐蔽下来，好好休息一下；不料有一天清晨，一位农民装束的老人送来一封交邹韬奋先生亲启的信，拆开一看，竟是敌伪据点里一个伪军营长辗转托人送来的。信里相当恳切地说明他是《生活》周刊多年的读者，一向如何敬佩韬奋先生，后来如何不得已跟着国民党军队投敌，现在保证不做卖国残民的坏事，等等。关于这一切，我考虑，其重要原因之一，当然是和他献身于抗日救亡运动，坚持不懈地创办生活书店，参加发起和领导救国会活动等是分不开的。可是他能如此深得人心，一定还有他特别的过人之处，值得我们好好重视和学习。

恰好他对我们抗日民主根据地的存在和发展也很感兴趣。所以我们一有空就互相提些问题，或随便闲谈，或进而进行一些专题讨论。这样，终于使我愈亦明确地认识了他有一个非常重要的特点，就是十分重视联系群众，深入调查，他写的文章当然用了不少心血，但都不是凭空想出来的。他的许多重要思想，都像毛泽东同志所号召的那样，是经过反复查问，深思熟虑，真正从群众中来到群众中去的总结性意见。一句话，他乃是我们中真正办事写文章，不说空话的典范人物之一。

他当时特别关心研究的几个问题

在那一个多月中，韬奋同志在哪一天、什么地方和什么人，谈过什么话，我已记不清，不过从他常常向大家提出的问题，或是常常和我谈论的问题来看，他在当时最关心的，似乎都是围绕着我们在敌后抗日根据地究竟是怎样同敌人做斗争，并取得胜利的。

在这方面，他对于许多有关的基本道理都了解得很透彻，认为如果没有中国共产党的核心领导，没有包括主力部队和民兵游击队在内的坚强的抗日武装力量，如果不放手发动和坚决依靠群众，如果不认真执行抗日民族统一战线政策，团结一切可以团结的力量，就什么也谈不上。但他不肯满足于此。他觉得新四军在皖南事变以后仍能很快建立包括苏中、苏北、淮南、淮北等地在内的这样一大片抗日民主根据地，实在是一个奇迹。而且这些根据地距离南京、上海这样近，较大城镇都已被敌伪占领，主要水陆交通都在敌伪控制之下，又无深山丛林足以隐蔽，居然能够生根立足，而且来去穿插自如，实在不能不令人感到既极振奋，又很惊奇。

最初，他特别关心和常常谈论的首要问题，是日本帝国主义侵占这个地区和我们开辟、建立这个抗日民主根据地、游击区的具体经过。

关于这个问题，他一有机会就要打破砂锅问到底，某个县城或市镇是在什么时候，怎样沦陷成为敌伪据点的？原先国民党的地方组织、地方政府、地方武装到哪儿去了？共产党、新四军和抗日群众又是怎样把这些农村建成抗日根据地或游击区的？好些同志向他介绍了抗战初期南京失陷以后，国民党发动皖南事变以前这一带的某些具体情况；我也谈了一些我在1941年年初从桂林经过浙江、上海撤退到这个地区，特别是在1942年年初担任二分区专员以后的若干情况。

这样，终于使他悟出了一个至关重要的道理，就是占领与反占领。日本帝国主义侵占了上海、南京以及许多大小城镇，国民党顽固派或者撤退了，逃跑了，或者降投了，或是躲到边沿地带继续骑在人民头上，积极反共摩擦。共产党、新四军则挺进到敌后，坚定不移地进行反占领，而且越谈反占领，他就越激动，什么叫反占领？他认为："就是初步、局部收复已被日寇侵占的国土，了不得！"（大意）

当我们在那年12月间向南转移到如皋县东部、南通县北部地区，他见到了当时新四军一师师长兼苏中区党委书记粟裕同志，交代了一些情况之后，忽又对我说："光说收复失地还不够，还应该说已经坚守了已收复的国土。"他又接着说，"看起来坚守工作更加艰巨复杂，现在我又弄懂了三句话：扫荡与反扫荡，伪化与反伪化；包围与反包围。这几句话更加是了不起！有了占领与反占领，再加上这几条，就不单足以说明中国不会亡，而且已经证明根本没有亡，也永远亡不了。"（大意）

"行是知之始，实践第一"

韬奋同志来苏中地区的时候，正是我们那年冬季在苏中各地开展"三冬运动"的时候，所谓"三冬运动"，就是紧密结合"冬防"（发动训练民兵游击队准备反扫荡）和冬耕（冬季农事及副业生产等）开展冬学运动。在冬学运动中，我们把思想政治宣传工作看得比扫盲识字工作更重要一些，所以提出了一个"明理第一"的原则。这原是对比识字要求而言的，意思是每次活动都要多讲点道理，只要认识几个必要的字就行。他在多次听了有关情况汇报以后，有一天恳切地对我说："我还是赞成陶行知先生的话：行是知之始，知是行之

205

成。这里的一切，在实际上都是实践第一。我来苏中，就是听实践，看实践，亲自跟着实践，才愈益弄明白一些道理。我看老百姓也只有通过实践来明理，明了理又更好地实践。"（大意）这几句话真是言简意赅，对我启发很大，至今难忘。

把顽固派反共投降高潮打下去

在苏中地区，韬奋同志先后应邀到各机关学校做了几次公开演讲，如在如皋双北区（记得好像是在邱陞中学）、南通骑岸镇附近新四军一师师部驻地、南通温家桥的南通县中学等处，时间约在1942年12月中旬到下旬。

他的演讲除略谈来到苏中敌后根据地的主要观感外，多半着重介绍国内外形势，但讲得比较多而且一谈就最易激动的，还是在谈到国民党顽固派的倒行逆施的情况及其反共投降阴谋的时候，每到这时，他差不多就忘记了自己耳朵的疼痛，总要大声疾呼："他们（指国民党顽固派）第一次搞反共投降阴谋，我们把他打下去了；第二次搞，把它打下去了；第三次搞，又把它打下去了！如果还要搞，还是要把它打下去的，谁要卖国投降，谁就要垮台，中国人民决不会答应！""首先，共产党、八路军、新四军和所有敌后抗日民主根据地的亿万群众，就决不会答应！更不是他们所能反得掉、卖得了的！"

留在党外的时间应该结束了

韬奋同志还有另外一个十分关心的问题，就是请求参加中国共产党。在当时，这是他和我个别谈心的话题，而且不止谈过一次，前后至少有四次。

第一次，告诉我他曾亲口向周恩来同志提出加入共产党的要求，当时周恩来同志答复他暂先留在党外更有利于抗日救国工作，他觉得有道理，就服从了。可是现在他已不可能再到国民党统治地区进行公开活动，因而要我帮他考虑考虑，留在党外的时间是不是可以结束了？

第二次，告诉我他自己反复思考的结果，他不单自己下了更大的决心，要求加入中国共产党，而且认为现在已经到了结束留在党外的时间了。

第三次、第四次，是反复强调他继续留在党外不但没有必要，而且正式加入中国共产党还更便于无所顾忌地为革命工作，更有利于推动进步力量下决心支持革命斗争……

关于这个问题，我曾表示我个人同意他的意见，并可向上反映，但究竟该怎么办，还须请示中央决定，事后我也曾口头报告苏中区党委，建议转报华中局和中央。

一别成永诀

1943年1月上旬，中共中央华中局来电，请韬奋同志去盐阜地区，苏中区党委马上派人护送他北上，我们就分别了。分别时大家的心情还是相当愉快的，我估计华中局大概会设法逐步转送他去延安，除去担心他耳中有病，路上也许会碰到一些困难，别的什么也没有想。

可是他走后不久，华中局忽来急电，说敌人将增调三个师团来华中地区进行大扫荡，要各地立即抓紧进行精兵简政，力求短小精干，保证反扫荡的胜利。在此情况下，苏中区党委除其他各项紧急措施外，还决定要各旅精减一批连、排、班干部到教导大队，集中到抗日军政大学第九分校；要机关部队精减一部分干部到苏中党校，并决定派我担任抗大九分校副校长、兼苏中党校校长，会同两校其他几位领导同志率领两校同志于阴历年前后转到苏南两溧（溧阳县、溧水县——编者注）地区去。这样，我好久都未听到有关韬奋同志的情况，直到很久以后，才得知他到盐阜区后，因耳疾加重，并诊断为癌症，在海边隐蔽一段时间后，不得不秘密护送回上海就医，终于不治逝世。这真是整个国家民族无法弥补的一大损失。

上述往事，在新中国成立后曾多次执笔记述，均因事未能脱稿，去年在他逝世四十周年纪念会上，我择要做一口头发言，现再就记忆所及，补写此文，以表示我对韬奋同志的衷心怀念。

邹韬奋在南通的日日夜夜

刘谷风

邹韬奋同志于1942年冬在南通地区留下了光辉的足迹，许多感人至深的史实，常被后人传诵，令后人敬仰和思慕。

1945年抗日战争胜利，为纪念韬奋同志，如皋城内设过韬奋书店，中华人民共和国成立后，南通市将一所印刷厂命名为韬奋印刷厂。1989年7月7日，上海韬奋纪念馆、基金会、青年记协和南通市有关单位在四安镇温家桥南通县中旧址为韬奋立匾，纪念当年韬奋曾在那里演讲。今年7月24日，韬奋逝世46周年，南通市人民政府为建造韬奋塑像举行奠基仪式。在南通，纪念韬奋的活动是连续不断的，可谓深入人心。

现将当年韬奋同志在南通活动的情况，根据我的记忆及手头的一些资料，做一番回溯和考证。

一、历尽艰险 安抵如西

1942年9月，韬奋同志离开广东梅县江村，历尽艰险，辗转到长沙、武汉、上海等敌占区，又在上海地下党的周密安排下，于1942年11月22日，到达苏中抗日民主根据地的三分区。上海地下党为韬奋同志组成一个临时家庭，化装出走。由陈云霞同志的战友，华萼同志的母亲华老太，充当韬奋的岳母，再找了原读书出版社的当时在苏中三分区大众书店工作的王兰芬充当华老太的女儿。他们陪同生病的"女婿"回乡，一行三人，终于顺利过江抵达靖江，走出敌伪据点二十多里地，于1942年11月22日到了三分区如西县江安区的一个小村庄。大众书店和《江潮报》社这天正移驻在那里，书店同志热情挽留他当夜在书店休息，共叙离情。大众书店有好几位同志是韬奋在生活书店的同事，他勉励书店同志，克服困难，坚持对敌斗争，全心全意为根据地广大军民服务。第二天一大早，分区首长带来陈毅军长的欢迎电报，当夜由分区陈玉生司令员亲率一支部队，护送他北上。这天夜晚出发前，参加了欢迎晚会，韬奋同志发表了热情洋溢的讲话。

《江潮报》（1942年11月26日的第九十二期）出了欢迎韬奋先生专刊。新闻的主题是："民主运动健将邹韬奋先生抵苏北"，两行副题是："辗转经年备尝艰苦"，"欢迎会上畅论民主团结问题"。当时《江潮报》总编，现任《大江南北》主编徐申尼同志曾有详细叙述，说明了韬奋同志到苏中根据地的第一站是三分区如西县江安区，而不是四分区的南通县。

二、在南通地区的二十天

1942年12月23日，苏中四地委在骑石区新沙乡黄运清大园场上，召开扩大会议。那时粟裕司令（时任新四军一师师长）率部进驻五总、骑岸、十总一带，师部就设在骑岸镇。扩大会议的第一天，22日上午，在黄运清大园场上开了一次大会。到会的地方干部有五六百人，其余是部队的同志，总共有两三千人，粟裕司令做了形势报告，讲的是太平洋战争和反法西斯战争形势，他指出目前的世界政治形势，是世界法西斯力量升到顶高点而转向下降，反法西斯力量不断上升而超过法西斯力量的时候，也就是法西斯力量已趋劣势，法西斯将成为历史名称，反法西斯力量已占优势的时候。他还讲到，日军对我们这块地方决不会放松，妄想把共产党、新四军挤垮，以便征调这块地方的人力物力，"以战养战"。大家无论如何要坚持原地斗争，决不让日军的阴谋得逞。粟司令讲了不到两小时，讲完后，介绍邹韬奋同大家见面。邹是从上海到苏中来四分区的。他也在会上讲了半个多小时。他说，到了根据地以后，耳目一新，心情非常激动。还说上海的许多爱国同胞都不愿做亡国奴，整个中国的希望都寄托在中国共产党身上，寄托在许许多多抗日军民的身上。

地委扩大会议结束，四专署在十总店西边的一个小学校里开报告会，请韬奋同志做报告，出席听报告的有地委、专署、分区机关的主要领导、部队的干部、十总区附近几个区的教师，还有一些开明士绅和民主人士。陪同韬奋同志入场的有专员季方、秘书长夏征农等。

首先由专员季方致欢迎词。韬奋同志在报告中揭露了"大后方"的种种黑暗：贪官污吏，反动统治，压制民主，迫害进步人士的罪行，并说来解放区后，看到我党我军坚决抗日，建立了广泛的统一战线和巩固的民主政权，施的是仁政，深得民心，一定能取得更大的胜利。当时韬奋同志中耳炎发作，疼痛不止，但还是忍痛讲了一个多小时。

第二天，邹韬奋又去新四军一师驻地骑岸镇，应粟裕师长的邀请在师直机关干部大会上做了报告。

12月26日，韬奋同志由苏中文教处处长刘季平陪同，来到设在通西温家桥的南通县中，受到当地党政军民的热烈欢迎。

当天下午由四专署文教科出面，举行群众大会欢迎韬奋同志，会场设在县中操场上，与会干群共三千余人，其中也有从敌占区——南通城、平潮镇、金沙镇来的。大会开始，先由刘季平同志做了简短介绍。韬奋滔滔不绝的演讲，把、吸引了全场听众的注意力。他谈论目前的国内外形势，深刻揭露了国民党反动派在大后方黑暗统治的罪行，也说到初来根据地时的观感。他说："我到根据地来不久，对一切还很生疏，正像一个刚进学校的小学生一样，懂得的东西是很肤浅的。然而，使我兴奋的是：我从事民族解放、民主政治和进步文化事业，虽然有了二十多年，可是看到真正的民主政治和进步文化，还是从今天开始的。"这天晚上举行了盛大的文娱晚会。

第二天，他在座谈会上为县中学生以及各界人士解答问题，有关于形势方面的，有关于大后方情形的，有政治性的，也有学术性的，有关于抗战前途的，也有关于青年修养的……他分门别类，有问必答。这个会开了近一天，使到会的人受到很深的教益。会后，不少青年学生请他签名题词留念。这天他还与县中的老师拍照留影和聚餐。夜间又为几个新认识的朋友留下墨迹，一幅写的是陈毅将军的诗《卫岗初战》（现存上海韬奋纪念馆），两幅是文天祥的诗《过零丁洋》（其中一幅亦存韬奋纪念馆），还有一幅是陶渊明的"采菊东篱下……"，那是送给从敌占区请来为韬奋治病的医生的。

12月29日上午，分区学生联合会在十总店小学召开学联会，请韬奋同志演讲，与会的有南通县、通西行署、通海地区、如皋县、如东办事处、启东县、海门县等学联负责人、青年学生代表、中小学教师代表等共三百余人。

会议由陪同韬奋同志来四分区的苏中文教处长刘季平主持，韬奋同志讲话的要点有：一、自己久已向往抗日民主根据地，印象最深的是共产党领导根据地人民，团结抗日；二、民主政治的实现，根据地人民普遍参加政治生活，热烈拥护政府；三、他用在国统区耳濡目染的事实，揭露国民党反动派反共反人民的罪行；四、用他自己的亲身经历，将国民党统治下青年学生的遭遇，和共产党领导下的青年学生热爱共产党、热爱自由、实行抗日，做了极其鲜明生动的对比；五、号召青年学生热爱共产党，热爱毛主席，坚定不移地走抗日救国、解放中华民族的道路。

1943年1月5日，南通县童店，专区召开各县士绅代表会，南通县代表四人是陆见齐、王剑云、管子才、吴浦云。会议由季方专员主持。会后请韬奋同志做形势报告，地点是在一家油坊堂屋里。

1943年1月6日下午，如皋掘南乡举行公务人员宣誓典礼，地点在一家小学校里，二百余人宣誓后，请韬奋同志谈形势，苏中军区管文蔚司令也讲了话。

三、疾呼团结抗日　振奋民族精神

韬奋同志在苏中这段时间，都是由行署文教处处长刘季平同志陪同的，据刘季平回忆说：“1942年冬，大约是在11月下旬到次年1月上旬，是我同邹韬奋同志在苏中抗日民主根据地同住、同吃、同行的一个多月。”（刘季平《回忆韬奋同志在苏中抗日根据地》，下引同）韬奋同志是1942年11月23日到如西，他在如东县掘南乡演讲是1943年1月6日。根据刘文中说：“我们在那年12月间向南移到如皋县东部，南通县北部地区”，又说，“在苏中地区，韬奋同志先后应邀到各机关学校作了几次公开演讲，如在如皋双北区（记得好像在邱陞中学），南通骑岸镇附近新四军一师师部驻地，南通温家桥的南通县中学等处，时间约在1942年12月中旬到下旬。”由此可见，韬奋同志在南通地区的时间，从1942年12月中旬到1943年1月上旬，先后有20天左右，在这短短的时间内，他演讲了7次，连同在如皋双北区的一次，一共8次，还有好几次座谈会，他经常接近群众，走访交谈，而且是在不断转移，耳病转剧，痛苦非常的情况下进行的。真是“竭尽愚钝，全力以赴”了（韬奋遗嘱中语），“这就是他之所以感动人

的地方"。（毛泽东）

　　刘季平同志回忆说："他的演讲除略谈来到苏中敌后根据地的主要观感外，多半着重介绍国内外形势，但讲得比较多，而且一谈就最易激动的，还是在谈到国民党顽固派的倒行逆施的情况及其反共投降阴谋的时候，每到这时，他差不多忘记了自己耳朵的疼痛，总要大声疾呼：'他们（指国民党顽固派）第一次搞反共投降阴谋，我们把它打下去了；第二次搞，把它打下去了；第三次搞，又把它打下去了！如果还要搞，还是要把它打下去，谁要卖国投降，谁就要垮台，中国人民决不会答应！首先，共产党、八路军、新四军和所有敌后抗日民主根据地的亿万群众，就决不会答应！更不是他们所能反得掉，卖得了的！'"

　　韬奋同志演讲的内容，也正如1979年7月7日上海韬奋纪念馆、基金会青年记者们在四安温家桥为韬奋同志立的石碑上所书"疾呼抗战、团结、进步；抨击投降、分裂、倒退"十六个大字，金光闪闪，语语铿锵，字字中的。

1990年9月15日

韬奋在东江

陈汝棠

　　1944年冬,我为了要会见相距一百余里的朋友,独自走了两日的山路,跑到粤东某县的一个乡村。这个乡村也就是韬奋先生曾安稳住过三四个月的地方! 会见朋友时我才知道韬奋先生去世的噩讯! 我悲痛! 我愤恨! 我痛切感到他虽然是因病而死,然而代恶病菌制造杀人机会的还是中国法西斯的凶徒! 如果不是中国法西斯凶徒的压迫,韬奋不一定会病,就是病也不一定会死!直到去年敌人投降,大家都在庆祝胜利的时候,我做了一个梦,在梦中韬奋先生突然拍着我的肩膀说:"日本投降了,但法西斯主义却没有投降! 抗战胜利了,但自由民主还没有胜利! 抗战胜利后的华南将比抗战时更困难,因此老弟肩上的担子也将比救国会南总时代更重,所走的路也将更艰苦!"我一觉醒来忍着泪坐到天亮。

　　今天却是我们这位民主战友逝世二周年祭的日子,我提起笔写这篇纪念文字时，我首先就想起这场梦，就从这场梦写起。香港沦陷前，我和韬奋先生同住在这个岛上，但除了第一次在群星书店碰到头便热烈地畅谈了两个钟头外，以后便很少会面。但是不是冷淡呢？不是的。我们都忙于各人所负的工作，表面上虽少往来，但我们为民主的热血却无时不交流在一块！香港沦陷后，我们担心的是民主战友们的安危，而自己的安全反而忘却了，一天到晚都是东找人西借钱。有一天此生先生跑来见我，他说，茅盾、韬奋仍住在坚尼地道，他们每人只有五百元一张的港币，闻说敌人又宣布禁用！他们是外省人，容易暴露，非赶快设法不可。我即刻去找友人，借到一千元碎币，着人按地址去找他们，但找不到，最后却只有自己跑腿去找，但一到他们住的地方却发现住的已是日本人，而我踏进去反而被他们抓住了，当时我一怔，以为他们一定遭到不幸了！我还能够说几句不三不四的日本话，经过了几句盘诘以后，终于走出了火坑！及后我听到他们已脱险，我心里那块沉重的石头才算放下来。香港沦陷期间，许多革命元老、文化战士都由东江抗日游击队援救到东江去。为了安全，在游击队区是分散住在几个地方。我虽知道韬奋先生及其家属已安全脱险，但却不知道是怎样"脱"法及"脱"到什么地方去。一个月以后我们却无意中在石坞一间屋门口碰到了！这一会面真有说不出的快慰！当我们紧紧地握着手时，彼此的热泪都不自主地夺眶而出！我见过邹夫人，也见过了他的孩子群，我要他的孩子叫我伯伯时，他便提出抗议说："不，应该叫你叔叔！"在过去我还以为他最多只是四十岁，而我呢？却是满头白发，不论谁来分辨都不会说他的年龄比我大，我们相互争让后，他提议用投票办法，彼此不要作声，将自己的年岁写在纸上，然后互换开票。我同意这样办，结果他的票上写着："韬奋今年四十九岁。"真的比我还长一岁。他玩得很出神、很认真也很有趣，弄得一家大小都哈哈欢笑！再过几天，朋友们商议将他的家属先安排到桂林。然后我便与他同住一个屋子！我们得着空前的机会可以天天谈论时事，研究问题，检讨过去救运的一切工作。兴奋愉快充满着我们的生活，使我们完全忘却身在逃亡的景况之中！因此他说："我完全同意你——'我们为民族解放为民主自由的战斗，不应该说是苦斗，而应该说是快斗！（快乐的战斗）甜斗！（甜蜜的战斗）我们应该以微笑接受这样战斗！'"我们天天自己洗衣服，洗好了，摊在地上晒。我们便也一同晒在太阳光下，或盘膝对坐，或仰卧地上，一直等到衣服晒干才回去！有时候便赤着身体跳进小溪里去冷水浴，浴回来，又给太阳晒。除了下雨天，我们天天都这样做，因此又产生了我们净化民主战士的理论！有一次我提出说："在我们过去的生活中，这样的机会是没有的！这里有旷无涯际的天空、绵延不尽的岗峦，有宝贵的阳光、清新的空气！我们应该领受这大自然的恩惠，也应该向这伟大的大自然学习！学习'天地之所以为大'的精神，学习'包罗万象'的胸怀与气魄！我们应当虚心坦白，让大自然熏陶及净化我们的精神与躯体！"他拍着手跳起来说："虽说我们都是真心诚意为民族独立、民主自由而奋斗，然而我们总难免有或多或少的污垢，因此我们也必须时时洗涤，尤其是自己落手洗涤，给太阳晒干，完成民主战士的净化工作！"这一段生活，好像还是昨日的事，然而这一代民主斗争的巨人却已离开我们两年了！他死了吗？是的，他的躯体死了，而精神却没有死，他的精神将永远在争取自由民主的中国人民大众的心中活着！

（原载于1946年7月26日香港《华商报》）

第四辑

缅怀既往　感奋有加

悲痛的回忆

沈钧儒

韬奋！你怎样可以死呢？我想到你的死，比想到我自己会死，情形还要严重。

你是死不得的啊！

我在距今一年以前，1932年8月1日那天，知道你犯中耳炎症，发作时痛苦异乎寻常，经过名医诊视，有不治的话。当时心里真如刀割。路又远，无法奔视，写了两首旧体诗，以寄山川绵渺之思。诗如下：

闻讯

闻讯摧肝胆，思君何处寻。

疮痍连岁泪，文字百年心。

梦逐南鸿远，愁缘病榻深。

遥知妻子共，对影一灯侵。

再赋

薄雾微明际，行矣竟奈何。

三年牛挤乳，一夕海扬波。

到处逢魑魅，良医孰缓和。

从今衡舍路，默默怕经过。

第二首第三句用的是鲁迅的典故。这是因为你在香港寄过一张字条，内容大致说，每天一定要写若干字数的文字，还要开会，忙得不亦乐乎；到了晚上，放下笔杆，倒头便睡，"真如僵尸一般"。唉！韬奋，你的一生写作劳瘁，便是如此，岂只在香港！

此一年中间想到你，总是不能放心，时时祝健康，时时怕你会死。

9月6日早晨，终于听到了你不幸的消息，我一时像失掉了脑子。韬奋，你在你的《经历》里写，因为忽然听到一个最好朋友的死，你说："我知道了好像听到晴天霹雳，泪如泉涌，急奔到尸前大哭一场，已不能和你再谈一句话了。失却了这样的一个好友，实在是我生平的一大损失。"这一段话你是替我今天写的。几年来我们关系之深，相知之切，骤然分手，我们的损失更是无从说起！韬奋，你叫我到哪里去哭一场呢？又有什么用处呢？

我不能不回忆到你离开重庆以前，你住的衡舍和良庄只隔一个坡陀。隔三天两天彼此一定要见面，有了问题固然要找你，坐闷了也要找你。尤其是你常常鼓励着我做白话文字多著书，提高我对于研究的

223

情绪，并且常常劝我要多休养。韬奋！你简直是我的精神的启发者，是我的精神的保护者。你译外文最快，一边看一边写，像在那里抄自己做好的文章一样。你译《苏联的民主》和《从美国看到世界》两书的时候，我常常坐在你桌旁。我说，韬奋，不要妨碍你。你总说，不要紧，不要紧，一面就很起劲地讲解给我听，一面仍是笔不停挥地写。我则呷一口你夫人替我泡的热茶，听一句你讲的"不可不知道"的书的要点和内容。且呷且听，且听且呷，那时我的愉快、我的安慰，现在追想起来真有非笔墨所能罄吐，我从这种地方得到你给我的益处实在太多。而现在呢？敌机轰炸不断的几个年头，我们没有一个时候不是同在一起。总是和你全家在一起的，一同提包挈孩到防空洞去，一同走路回家。你呢，总是手里拿着一本书，不断地看，可以写就在写，因为你主要工作是在关心所编的刊物，不要叫它脱期。这种精神我看在眼里，是永远不能忘记的。在参政会里，你对于自己的提案是万分谨慎和忠实，对于朋友的提案，你如认为重要亦必尽全力来帮助。我记得，有一次，我提了一个"外交应以美苏为中心"的提案，内容写得并不完尽。你在小组审查会里面一个个去疏通，一个个去接洽，凭你的妙舌碰钉子也不管。最后拉我到审查会去做说明，那时讨论形势颇为紧张，结果付表决只差一个不举手而没有通过，我对你这次的协同奋斗，非常感动，也是我永远不能忘记的。

武汉沦落的前几天，我们两人从江西德安前线回来，即同乘一个很小的水上飞机来抵重庆。哪晓得到了1930年2月会看你一个人独自离开重庆呢？当时参政会第二届正要开会，你亲往报名，大家以为决不会再离开了，我也是这样希望。现在已不能记得是这1月20日后哪一天日子了，那是一个最不祥的夜晚，忽然见你匆匆推门进屋，行色有点仓皇，手里拿着几份电报眼眶里含着带怒的泪，告诉我昆明、成都、桂林、曲江、贵阳五处分店先后都被当地政府无理由地封禁。你说："这是什么景象！一点不要理由，就是这样干完了我的书店！我无法保障它，还能保障什么！我决意走了！"我听了好久，想不出一句可以劝慰和挽留你的话来，只说了一个字："好。"你去了。第二天晚上，你拿了参政员辞职书，连同关于替书店辩白的长篇文字交给我，说了许多话，说明天早上一定走。彼此握手道珍重，都不觉得什么。第二天天没有亮我就赶出门，马路上还笼罩着雾气，到衡舍，你和夫人已立在门首。就在这一刹那间，看你一步步上坡上轿，最后的影子终于在雾气中消失看不见了，才别你夫人移步回家。哪晓得这一刻就是我和你人天分手的时期呢！唉！

韬奋，我不能不更回忆到一件事。你是最天真、最能活泼泼地表现你诚挚而坦白的感情的，笑起来嘻嘻嘻，像个小孩子。这声音还在我耳边。我记得有一次在苏州，早晨我在洗脸，不晓得怎样流下点眼泪。你赶紧问："为什么？为什么？"我说："我恐怕看不见中国的太平进步的日子了。"你这时像大人抚慰孩子似的走近来拍着我说："不会的，一定看得见的！"谁知今天你反先我而死，连胜利都等不及看呢？我真想要痛哭一场，以泄我心头的义愤和深悲。你在苏州拘押中写成的《经历》一书中间，有两段话我记得很清楚，我要拿来写在这里，一段说："我的立场是中国大众的立场，我的主张是自信必能有益于中国大众的主张。我心目中没有任何党派，这并不是轻视任何党派，只是何党何派不是我所注意的，只要所行的政策在事实上果能不违背中国大众的需求和公意，我都肯拥护，否则我都反对。我自己向来没有加入任何党派。"一段说："我在二十年前想做个新闻记者，在今日要做的还是个新闻记者，不过要在'新闻记者'这个名词上面加上'永远立于大众立场'的一个形容词。我所仅有的一点微薄的能力，只是提着这支秃笔和黑暗势力作艰苦的抗斗，为民族和大众光明前途尽一部分推动工作。我要肩着这支秃笔挥洒我的热血，倾献我的精诚，追随为民族解放和大众自由而冲锋陷阵的战士们，冒着敌人的炮火前进！"

安息吧！我的朋友，韬奋！你没有加入任何党派，你是立于中国大众的立场，你的态度光明，你的认识明确，你的热血和精诚是永远在照耀着，飞洒着。今日呢，你把这个责任交给谁？谁？谁？谁……普天下的谁？

我也是一个你的谁。我的朋友韬奋，你安息吧！

（原载于1944年10月重庆版《韬奋先生逝世纪念册》，署名衡山）

忆韬奋先生

郑振铎

韬奋先生临终时的凄惨情形，至今犹在目前，一想起来便难过得很。好友们如何能够忘得掉他！他是不死的！他是不朽的！

假如他还活在世上，活到今天，他将怎样的愤懑不平，而且将怎样的大声疾呼着，是可想而知的。

他是一位苦学出身的人，他很早便靠卖文为生，所以，他最同情于写文章的朋友。上海第一次淞沪抗战之后，许多文艺刊物都停顿了，商务印书馆被毁了，《小说月报》不能出版。我从北平回到了上海，和他谈起了要出版一个杂志的事，他立刻便将《文学》筹办起来。后来，和他说起《世界文库》的计划，他也立刻便答应下来，担任出版的事。像那样的庞大而有系统的出版计划，在别的书店里是再也不肯接受的——至少在那个时候。可是他对于文化工作，是如此热心赞助着；只要他认为值得做、该做的工作，他是毫不踌躇地悉力以赴之的。

他办事最认真。要找他，差不多没有一次不会见到他的。他天天上工，天天写文章，没有多少休息的时候。见到了他的勤勤恳恳工作着的情形，没有人不自觉惭愧而被感动着的。

他异常天真，几乎不大知道这世界有欺诈、叛变的事。因此，他不时地吃了很大的亏。然而他决不从权达变，以变更他的主张和见解。他是有所执持着的。他为最大多数的人民服务，为他们说话，为他们斗争着，一直到死。他像巨人似的，屹立如山，执着火炬，为人民的先导。他最反对腐败与贪污；他对一切不合理的事，均决不容情地攻击着，即因之招致了种种的祸害，他也不顾。他的呼号，他的主张，得到了全国人民的同情，有了极大的影响。有一个时候，他所主编的周刊，每期曾销行到20万份，这是中国定期刊物销数的空前的纪录，至今还没有一个刊物超过这个纪录的。

他的勇敢，他的固执的不退却，曾感动了无数的人，也坚定了无数人的心。

可惜他是永远地去了！然而他的精神却是"永生"的！

在时代最需要他的时候，他却永远地逝去！在今日，能不格外地想起他来吗？

一想起了他，便不会忘记了他的精神感召！

他的精神是永生的！

（原载于1947年7月24日上海《时代日报》，署名西谛）

纪念韬奋先生

凯　丰

韬奋先生的著作，尤其是他所创办的生活书店，教育了青年一代。在为抗日战争、统一战线、民主思想及进步思想的斗争中发挥了很大的作用。韬奋先生是一位前进的著作家兼杰出的出版家，他将他的一生贡献于为抗战为民主为进步的文化事业。他在国民党独裁统治及毫无言论自由的环境下，能够把进步的文化出版事业发展得这样广泛，成为全国文化出版事业的权威，他的这种功绩将在中国文化史上永垂不朽！国民党的反动统治动员一切力量来压迫摧毁韬奋先生创办的文化事业，开始企图用政府的经济优势来压倒生活书店，用大批的经济力量津贴属于国民党的书店，出版大批反动书报，开办大批反动书店，用定价比成本还低的办法，甚至不要钱赠送的办法，来与生活书店竞争，但是这些办法结果都失败了，因为没有读者或者很少读者进它的门，而生活书店却总是有着川流不息拥挤不堪的读者。这样国民党又不得不凭借它的独裁政治的力量，封闭了几十家生活书店分店，查禁了几百种生活书店出版的书，最后韬奋先生的人身自由也发生了问题，不得不逃难香港。香港沦陷后，又赴新四军解放区。

韬奋先生的为人，有几点特别值得指出的，他在生时虽然不是一个共产党员，但是他的品质却是中华民族优秀儿女的品质。我在救国会的几个值得尊敬的朋友中，他是其中之一。

他的第一个特点，就是富于正义感，为人正派，他的为民族解放及人民解放事业是忠心耿耿的，别无企图的。他并不像有些人一样，拿着抗日救国作为升官之道，当着统治阶级给予他一官半职时，他就把民族解放事业及其过去一同奋斗的朋友丢在一边。其实这种一官半职也不过是统治阶级的钓饵，昙花一现而已。韬奋先生的为人，与这种人是完全两样的，他不为官爵所动，不为威武所屈。我记得1938年在武汉时，当时国民党用一切力量劝他加入国民党，以官爵诱他，以三民主义青年团中央干事诱他，他始终坚决拒绝了。而当皖南事变正是危机的时候，他愤然辞去了国民参政员职务，仗义执言，反对国民党的倒行逆施。我也记得在1939年、1940年国民党当局以武力威吓生活书店总店时，他并没有屈服，也没有接受国民党当局的任何一个条件。

他的第二个特点就是富于事业心，用尽一切心血把他自己办的事业——文化出版事业，发展和维持下去，他用新的办法——合作社办法来经理他的书店，因为他的书店既没有银行资本家的经济支持，也没有个人或团体的经济支持，完全靠书店营业的盈余来发展业务。国民党经常造谣说共产党津贴生活书店，其实生活书店业务的发展与共产党没有任何关系，完全是韬奋先生及其同事的努力而达到的。正因为韬奋先生忠于自己的业务，总想扩大自己的事业，生活书店的稿费比国民党官办书店稿费要低，因此也有不少作家，许多是左翼的作家，对生活书店的稿费不满。我还记得有某几个作家从战地参观回来写了几部稿子，因为生活书店稿费低，而将原先谈好交生活书店出版的稿子，又要回去给国民党书店文化服务社。但是国民党书店虽给了高价的稿费，书并没有出版。从这些事实中可以看出，韬奋先生的书店是在经济困难、政治压迫的条件下创办的，但他始终不灰心，把自己的事业贯彻到底。

他的第三个特点就是富于青年气，朝气蓬勃，他的作品是这样，他的演讲谈话也是这样。可以说在现代中国的男女青年中享有很大的威望的，韬奋先生就是其中之一。他给予中国青年思想上很大的帮助，给予他们求学就业以及社会活动的各方面以指导。中华民族有韬奋先生这样一个优秀的人物，是我们民族的光荣。中国共产党有韬奋先生这样一个朋友（指他生时）是我们党的光荣。中国共产党有韬奋先生这样一个死后追认的党员，更是我们党的光荣。

（原载于1944年11月22日延安《解放日报》第1版）

痛念韬奋兄

沙千里

　　自从在香港危急的时候和韬奋兄握手言别之后，一直担心他的安全。谁想到他脱离了敌人的魔掌，回到祖国怀抱，他的安全依然成为问题，迫使他不得不跋涉奔波、流离颠沛地过着日子，甚至患了病之后，还不能在安定的环境里安心地治疗他的病，最后乃竟丧失了他生命上整个安全，使这民族战士不能尽其长才，目睹民族解放的成功，这是我们的创痛，也不能不说是时代的罪恶！

　　回忆和他握别的那个时期，他还是那么热情、勇敢、积极地为民族国家的前途埋头写作，大声疾呼，和在苏州的时期没有一点改变。但是现在涌现在目前的，只有他的那种精神，已经不是他的实际行动了，怎不令人唏嘘！

　　我和韬奋兄在苏州共同坐牢以前，虽然神交已久，但实际上相识和接近，还是在我参加救国运动以后。至于在苏州的一个阶段，那么一天二十四小时，简直无时无刻不在一起。因此对于他的思想行动、生活态度得到了更多地了解，使我对他的敬佩更加深了一层。

在苏州这一个时期，因为局限于看守所里，行动受到了限制，所以我所能知道韬奋的，

沙千里同志题词手迹

多半是他个人生活方面的。那时他全部时间差不多都用在写作方面，虽然和在狱外一样也定有作息时间，但他工作的时间，自早至晚几乎全部是握着笔埋着头在著译。其聚精会神、集中思虑的情形，任何外面的吵扰，对他都不可能发生影响，即使我们在打球的时候，他也能在球场旁边一只特制的写作藤椅上运笔如飞地写作。在看守所里来探问我们的亲友，可说络绎不绝，但是，他为了写作，宁可简慢了远道而来的朋友，而不肯放弃他规定好了的著述工作。其认真工作、一丝不苟的精神，现在想起来，真值得学习。每天我们可以看见他铺纸伸笔，案上堆着材料，摇动着笔杆只往着纸上移动。在狱里虽仅八个月，确有十年如一日的样子。就我所能记忆的，他在狱里所写的有《经历》《萍踪忆语》《读书偶译》《展望》四种，足足有数十万言之多。其专心致志，忠诚于自己的工作，是可以想象得到的！

他对于写作的态度是如此严正积极；其实他对于休息娱乐，也有同样的态度。当他休息的时候，他也尽量休息。譬如大家运动和打球

的时候，他也同样聚精会神、专心致志于打球运动。有的时候他会模仿卓别林的行路，尽情欢乐。所谓工作时候工作，娱乐时候娱乐，他是充分实践了的。

我们读他的文章，知道他对于黑暗势力的嫌恶和抨击，是非常明显而且很不客气，所以遭受他们的嫉恨也最深。但他的这种精神，到他停止呼吸时，也不曾有所改变。对于他们的嫉恨和暗算，一无顾忌。他毕生和这种势力在搏斗，从未松懈。记得在苏州，侦查我们的检察官戴了有色眼镜，一定要韬奋承认"人民阵线"，韬奋反抗他的压迫，从理论上事实上予以反驳。开始由争论而奚落，由奚落而冲突，继后几乎引起其他纠纷，他却视若无事。谁都知道检察官在侦查"犯罪"的时候，掌握绝对的权力。韬奋兄在这看守所里是一个"待决之囚"，而他不顾一切，不畏强暴，依然为着是非、为着真理而不惜与他抗争，其胆识的超人，不妥协不屈服的精神，是不得不令人钦佩的！

当检察官侦查完毕，认为有罪而起诉之后，高等法院开庭审理的时候，韬奋兄陈述救国会主张，以及答复检察官的起诉意旨，他竟如演说一样，态度特别激昂，而且声色俱厉地斥责黑暗势力对于纯洁的爱国行动的诬蔑。至于声嘶力竭，使全法庭的法官、律师以及旁听者，愕然相顾，他也不以为意，而且认为打了一次胜仗！

在狱中，他对于国家民族的热爱、对于人民大众的关切，以及对于青年的爱护和在狱外的时候，并无两样。他在《经历》以及他狱中所写的著作中，都有申述，我不必多说。但是他在狱中切望团结御侮发动民力，则差不多是我们经常的谈话资料，而以不能向全国同胞为此呼号尽力，引为无上的苦痛！现在抗战已经七年多了，胜利犹在想望之中；全国的团结，也是脆弱非常；人民大众的生活，是陷于悲惨的境地，而韬奋，我们的战士，竟不幸而长逝！在他当然不会瞑目，我们回忆他毕生的战斗，固然非常伤痛，但为了纪念我们这位战士，我们应该知道我们将如何努力来完成未竟之志，以使这位战士瞑目含笑于九泉之下！

（原载于1944年10月重庆版《韬奋先生逝世纪念册》）

永远活在我们的心里

薛迪畅

我们的领导者韬奋先生逝世了。

先生在1930年2月底悄然地带了一颗创伤的心，离别了为抗战文化贡献过莫大力量而横遭摧残的生活书店而去了！其后，我们即未曾获得先生只字的指示，更没有机会听到先生的训诲。这几年来，我们无时无刻不在渴望先生的领导，关怀先生的健康，谁知噩耗传来，先生竟不幸逝世了！

本店是从生活周刊社附设的书报杂志代办部发展起来的。它能够在微弱的基础上站得住脚，并在新闻出版业中占着重要地位获得全国读者的热烈爱护，完全是先生以脑汁和血汗培植起来的。

二十年来，先生不仅以进步的思想和勇敢的行动，感召了万千读者群，且更以实事求是的精神，认真而周到地帮助读者们解决了许许多多在学习上、工作上以至日常生活上的疑难问题。记得在上海的时候，有一位苏州青年许君，简直把先生当作私人顾问，不论什么问题，都要先生替他解答。同人们都感到不胜其烦，但先生却每信必复，循循善诱，从无半点倦意。抗战开始后，那位地主出身的青年，终于在先生影响之下，毅然自动投入抗战的洪流，成为一员反法西斯的战士。这只是许多例子当中的一个。受先生思想行动熏陶和感召而坚决地参加抗战民主阵营的，不知有多少青年。本店曾刊行《信箱外集》五册，就都是读者函询而经先生解答的疑难问题，总计不下百万言，这种为大众服务的生活态度，实感人至深。

大约三个月之前，我们就听到先生病重的消息，据说先生的病，每天要发作几次，每当发作的时候，要痛得满床乱滚。这使我们感觉非常痛苦。但先生在病稍痊、痛稍减的时候，还是伏枕写作，奋笔疾书，写自传，撰遗嘱，并著文为国内民主团结而呼吁。也许是先生自知病情的严重吧，因此先生对于劝他稍稍休息的友人，总答以"能写多少是多少，写一些是一些"，这是先生至死不渝的奋斗精神。

本店的业务由简单的代办部发展到庞大复杂的组织，是很艰苦的一个发展过程。先生欧游回国，首先倡导采行民主集中制，什么事情都是大家公开讨论，谈的时候，开诚布公地说，决定以后，就交负责人去做，使得全店每一个人都有自由发表意见的权利，每一个人都有充分发挥特长的机会，把同人的工作热情提高到最大的限度。其间，先生曾记录实践经验，陆续写就《事业管理与职业修养》一书。抗战初期，本店迅速发展到四十二个分支店，所有派出去的负责人，尽管水准不一，但对工作的坚苦耐劳，对本店事业的忠诚努力，则完全是一致的。这是本店的一贯作风，也就是先生所倡导的工作作风。

先生主持各种周刊期刊，先后八种，为时历二十年，即使在最困难的情况下，每期一定按时出版，从不脱期；先生身为本店总经理，上办公室绝对严守工作时间，如因故稍迟，亦必事先通知；同人如犯错误，先生对之严加责备，决不姑息，但一经纠正，则温语慰勉，决不苛求。这些都是表示先生的处事不苟。

同人间有一时为逆境所挫，精疲气馁者，先生辄加以劝勉："本店从呱呱坠地的时候起，就一直在艰苦困难中进展着，我们应该以坚决的意志和镇定的心情，在艰苦困难中奋斗，我们深信我们所努力的文化事业，对于整个中华民族是有着重要的贡献，值得我们含辛茹苦而无所怨怼。"本店能够渡过一重重惊涛骇浪的难关，完全是先生奋斗精神贯注的结果。环境越困难，办事越麻烦，先生更沉痛地指出："我们为共同努力的集体事业，就是受尽麻烦，也应该用诸葛亮'鞠躬尽瘁，死而后已'的精神来对付。"现在先生以身作则地实践了这句话！

今天，我们的事业这样艰苦，深感有待先生的领导而先生竟已逝世了。展望前途，荆棘满地,益发觉得我们继承先生遗志的责无旁贷。我们不会忘记先生的谆谆教诲，先生的精神，将永远活在我们的心里！

（原载于1944年10月重庆版《韬奋先生逝世纪念册》）

韬奋先生的三个特点

杨卫玉

三年前韬奋先生逝世的消息，传到了重庆以后，吾曾写过两篇文字，表示哀悼，两文中都有"韬奋爱国最热心，主张抗战最力，而不能目睹胜利当为大憾事"。现在想来，吾这几句话，可以说多余的，不但是多余且适得其反，试问我们一般活着而看到"胜利"的人，现在的情绪、环境怎样呢？光阴过得很快，韬奋逝世三周年了，以吾与他交友之久、情谊之深，应该如何表示吾的内心之哀悼？但摆在我们目前悲哀的事情太多了，吾也何必再写徒增心酸无补事实的文字呢，但是吾又何忍不写几句来纪念他呢，且把想到他的三个特点写在下面。

热情吾友好中热情的，固然不乏其人，而最高的要算韬奋，我们平时在一起的时候，随时随地都可看见他真情热诚的流露，无论为国家、为社会、为家庭、为同事、为亲友而表现的热情故事，真是不胜枚举，现在只举一两件对吾的热情事实。在民国十二年的冬天，吾的先室逝世以后，吾独居在上海西门外职教社之一角小楼，他每天晚上必来看吾一次，有时且同了他的前夫人叶女士同来，想出种种方法、言辞以安慰吾。翌年秋天吾在苏州举行续弦订婚礼，他夫妇二人，请了假，冒了大雨，特地自沪到苏参加我们的典礼，并且发表了许多动听的说话。还有一次，仿佛在民国十四年的时候，他和吾同到济南，同寓在济南阎公祠改建的正谊中学，明天要动身回沪，而大雨倾盆，街上水深没踝，内子托我买的府绸，非买不可，而吾无雨具，他竟毅然为吾去买，这种舍己为人的热情，天下有几个人可及呢？此情此景，吾永远不会忘记的。

专一由于他的热情负责任，每做一事，必定专心致志，孜孜研究，务求尽善尽美，尤其在主编《生活》周刊的时期，摒绝一切无谓应酬与次要事情，夜以继日，有时手不停挥，有时手不释卷，在他工作的时候，大有"泰山崩于前而色不变，麋鹿兴于左而目不瞬"之概。他为了《生活》，对外不讲演，不作文，一心一意为了《生活》。他不但对工作是这样，有时对于娱乐消遣的事情也是这样。曾经有一个短时期，他忽然喜欢跳舞，他工作之余，独自在房内，婆娑起舞，有时抱了一只椅子，嘴里"蓬拆、蓬拆"地盘旋而舞。即此小小的事情，他还有这样专一的精神，所以他无论写一篇文章，译一本书，做一件事，自然精心结构，无懈可击。他的威名，他的成功、专一的精神，是一个重大的因素。

坦白凡有思想而善考虑的人，往往缺少坦白的真诚，韬奋是富有思想的人，而其坦白真诚，有为人所不及者，真能做到事必求是，理必求真，从无取巧虚伪的言行。曾忆有一天晚上与同事某君略有误会，竟至拍案大骂，双方声言辞职，几乎有势不两立之情形，吾正为此焦急，怎样可以调解，使他们言归于好。翌日大早，韬奋到吾家来，见面就哈哈大笑，连说抱歉抱歉，误会了误会了。正在此时某君来了，韬奋趋前握手，自承昨天之孟浪，某君初尚有不豫之色，至此亦破颜微笑，互道歉意，相偕至办公室，同事都为之粲然。事后某君常对吾说韬奋真够伟大，吾亦自叹弗如。

以上所述三点，看来平淡无奇，做到真不容易，吾数十年来交友不谓不多，如韬奋之为人并不多见，感怀所及，略记如此。

（原载于1947年7月27日《国讯》第423期）

听邹韬奋先生演讲

高 宇

1942年，正是日本侵略者在苏南、苏北进行疯狂"清乡"的时期。这时的邱陞中学已迁至如中双岔北区的魏家庄。四周敌伪据点林立，环境十分险恶。校舍是惯用的民房，简陋而分散，夜晚自修，用蜡烛和豆油灯照明。条件虽然艰苦，境况虽然紧张，可我们的政治热情、学习情绪却很高涨。当时的教学是"游击式"的，敌人来了，我们就"跑反"，敌人走了，我们继续上课。学校师生除了课堂教学外，还参加办冬学，动员参军以及民主政权建设等社会活动。

我在邱陞中学读书，一共三学期，留有许多美好的回忆。这里记述一件难忘的事。

那是1942年冬天，学生会正忙着纪念"一二·九"运动。我当时是学生会的研究部长，负责出墙报、组织讲演和学业交流等活动，还配合文娱部的同学练歌排戏，忙得很有兴味。一天学校通知说七君子之一邹韬奋先生到了根据地，路过如中地区，行署请他演讲，叫我们学生会干部去听讲。我真是喜出望外，心想能在这战火纷飞、处境艰险困苦的农村根据地看到从上海来的名流，是很不容易的。我和学生会主席等几位同学兴高采烈地去听讲，邹先生演讲的地点在葛家兜，离我们学校所在魏家庄有六七里路。我记得那是12月10日，天气晴朗，刮着西北风，田野已经冻结，十分寒冷，可我的心很热。大家边唱边跑，很快就到了目的地。会场设在葛家兜小学的一间教室里，除了桌椅条凳，没有什么布置，很简朴洁净。邹韬奋先生身着长衫棉袍，戴一副黑边眼镜；一条羊毛围巾在领前打了一个平结，巾身平坦地垂挂在脑襟前，仪态文雅可亲。他讲了抗战的大势，说抗日民主根据地是抗日胜利的希望所在。他的讲话朴实诚恳，充满信心。最后他还请到会的人提问。当场有人提了一些问题，他从容作答，有点像现在提倡的相互对话。有人问他，对于根据地的教育他愿意做些什么？有人还半开玩笑地提出，听说邹先生英语很好，能不能给我们教英语？邹先生态度坦然，很谦虚地说："我知道这里有很好的教育专家，我不敢班门弄斧。为了抗日民主事业，我愿贡献自己的一切。"我们听了都很感动，报以热烈的掌声，向他致敬。"为了抗日民主事业，贡献自己的一切"这句话，后来成为鼓舞我们参加革命的动力。在演讲结束时，我急忙走到邹先生身边，自我介绍是邱陞中学的学生，请他为我题词赐教。他笑容可掬地点点头，取下挂在衣襟上的钢笔，就在我的笔记本上书写起来。题词曰："加强团结，推进民主，争取抗战最后胜利！"签了名，署了日期。我连声感谢，如获至宝。

题词中的"团结、民主、胜利"这些闪光的词语，激励我为革命事业努力奋进，也激励邱陞中学的许多同志勠力同心，团结奋进。后来，我把当年《江海报》刊登的邹韬奋先生的画像剪贴在题词上面，作为永远的纪念，并且一直珍藏着。于今已度过四十多个春秋，经历了无数风风雨雨。我们不仅取得了抗日战争的最后胜利，解放战争的伟大胜利，而且我们的社会主义事业也取得了辉煌的成就。在纪念邱陞中学的五十校庆之际，我们衷心祝愿母校在建设有中国特色的社会主义宏伟的工程中，做出新的出色的成绩。

1988年2月

难忘的教诲

徐希权

半个世纪过去了，韬奋先生的爱国热情，不屈不挠的革命精神，激励着一代又一代青年，至今仍给人以深刻的启迪。

一、永恒的印象

我是1942年12月于南通县（江苏省）中见到韬奋先生的，他的音容笑貌至今仍深深印在我的脑海中。那时正是抗日战火纷飞的年代，原南通县金沙中学在一批爱国教师的带领下，从日寇的据点里偷偷地把学校迁到四安北边温家桥南三官殿，成立了南通县立中学，坚持敌后抗日教学。一天，学校领导转告全体师生，邹韬奋先生要来学校参观视察。这一消息使大家兴奋极了。韬奋先生大家久闻大名，却从未见过，他是著名的"爱国七君子"之一，他的爱国精神早已为大家敬佩，能有机会见到他真是莫大的荣幸。为了迎接这一天的到来，语文老师选了几篇邹先生发表过的文章介绍给学生阅读，美术老师刻成邹先生的木刻头像印在欢迎标语上，音乐老师谱了欢迎邹先生的歌曲，学生会组织文娱节目……

12月26日午前，邹先生由苏中行署文教处长刘季平同志陪同，两人骑着高头大马，在一群新四军战士的护送下，从学校的东北方向走来。我们初二甲班教室正好在学校河东的草屋内，首先目睹这一情景。顿时全校沸腾起来了，大家聚集在校门口致以热烈的欢迎。只见韬奋先生身穿长袍，头戴礼帽，戴着一副深度近视眼镜，和蔼可亲，下马后便向大家招手致意。陪同的刘处长留着五绺长须，目光炯炯，庄严温雅，颇有文士风度。下午在操场上开了欢迎大会，由校长李伯平主持，教育界老前辈吴浦云（原县教育局局长）致欢迎词，韬奋先生作了热情洋溢的演讲。他第一句话就是"敝人从大后方来"，引人入神。接着介绍了被迫从重庆流亡到香港，从香港到广东，然后来到苏北抗日民主根据地的经过。他用许多耳闻目睹的事实揭露了国民党反动派消极抗日、积极反共、压制民主、迫害进步人士等倒行逆施的做法；他谈到了到达苏北后的一些感受，赞扬了抗日根据地的团结、民主、进步，说这是中国抗日胜利的希望之所在，大家深受教育和鼓舞。晚上在汽油灯下举行了文娱晚会，师生们自编自唱，气氛热烈，邹先生看了很高兴。第三天上午和部分师生座谈，回答大家的提问。邹先生还给不少同学题了字，可惜极大部分都已散失，但马家齐同志（现如皋市离休干部）把它保存下来了，邹先生的题词为："从实践中体验过的知识是最可贵的知识。"下面落款日期为"1942年12月26日"。此件已收入《韬奋手迹》，成为可贵的纪念。第二天下午，邹先生离校向学校东北方向走去。事后邹先生在校的情景成为大家谈论的中心，有的模仿他的讲话，有的谈论他的题词，更多的则是从他的演讲中看到国民党的腐败，激发了抗日救国的热情。韬奋先生在校时间不长，但我们都受到了深刻的教育。嗣后，对于有关纪念韬奋的活动、文章，我总是怀着特殊的感情阅读。1984年10月13日，韬奋夫人沈粹缜在南通亲手送给我一本《韬奋手迹》，拜读之后，更增加了对韬奋先生的了解和爱戴。正如胡愈之先生为《韬奋手迹》代序中所写的："什么是韬奋的爱？那是对国家的爱，对人民的爱，对人类的爱，对真理的爱。是这种伟大的爱造成了韬奋的坚强的人格。"

二、耿耿红心为革命，辗转苏中留业绩

近年来，读了当年全程陪同韬奋先生在苏中的刘季平同志，在南通县参与直接接待的刘谷风同志，以及邱陞校友吴骅、高宇、紫石中学许映光校友等的回忆文章，《名人传记》刊登的陈宗彪同志写的《邹韬奋苏北脱险记》等，对韬奋先生的生平以及到苏北的前后经历有了进一步的了解，面对他那耿耿红心和不朽业绩，崇敬之情油然而生，现概述如下：

韬奋先生（1895—1944），原名恩润。江西余县人。1925年在上海主编《生活周刊》。1931年九一八事变后，反对国民党的不抵抗政

策。1932年创办生活书店。1933年参加宋庆龄领导的中国民权保障同盟，7月被迫流亡海外，周游欧美并到苏联参观、采访。1935年8月回国，参加中国共产党领导的抗日救亡运动，先后在上海、香港主编《大众生活》周刊、《生活日报》《生活星期刊》等报刊，并担任上海各界救国会和全国各界救国联合会的领导工作。1936年11月23日与沈钧儒、李公朴、沙千里、史良、章乃器、王造时被国民党政府逮捕。西安事变蒋介石被迫释放一切政治犯，保证人民的自由权利，抗日战争全面爆发后，于1937年8月1日获释。先后在上海、汉口、重庆等地主编《抗战》《全民抗战》等刊物，参与反对蒋介石反动政策的政治斗争。皖南事变后，被迫流亡香港，复刊《大众生活》。日寇侵占香港后，中共华南工作委员会根据党中央的指示，把韬奋先生由东江纵队护送到广东东江纵队游击区。1942年4月，东江纵队司令部获悉国民党反动派已下令通缉韬奋，决定送其到梅县乡下隐居。由于国民党特务们到处侦缉，寻找韬奋下落，9月下旬组织上又护送韬奋离开梅县转赴苏北抗日根据地。韬奋先生在党组织的精心安排下，经长沙、武汉，10月秘密到了上海，经地下交通联系后，由余圣帷老太以念佛人装扮一齐到了无锡，与苏中主分区大众书店前来接应的女青年店员王兰芬接上了关系，从而三人乔装打扮，从靖江进入我苏北抗日根据地。

韬奋先生到达二分区泰东县县长董希白处，董立即去信给苏中行署文教处处长刘季平，说邹韬奋先生几经周折，已经来到苏中，希望你去看他。刘当即骑马前去，把韬奋先生接到文教处驻地。刘季平处长和韬奋先生本来就熟悉，久别重逢，格外高兴。并由苏中区党委电告新四军军部和中共中央华中局。因军部所在地盐阜地区，敌情紧张，复电建议韬奋先生暂在苏中逗留一段时期，苏中区党委决定由刘季平处长具体接待。在刘处长的陪同下，前后一个多月，先后到了二分区紫石中学（今海安县）、如皋县的如中地区（今如东双甸北边），紫石中学、邱陞中学的师生听过他的演讲，部分师生参加过座谈会。现在的经过考证的是：1942年12月10日在如东双北葛家兜，当年邱陞中学校友高宇同志，保存了他的题字："加强团结，推进民主，争取抗战最后胜利。"然后从如皋（今如东）渡过敌人的封锁线，到达南通县骑岸镇新四军一师师部，受到了粟裕师长等人的热情接待，后又到了离南通城较近的通西南通县中。

韬奋先生在苏中一个多月，接触了广大干部群众，特别是青年一代，目睹抗日民主根据地团结、进步、抗日的生动情景，对抗日必胜充满了信心，对共产党更加信仰。他和刘季平处长多次交谈时坦承要加入共产党。他说，他曾亲口向周恩来同志提出加入共产党的要求，当时周恩来同志答复他，认为留在党外更有利于抗日救国工作。"现在我反复思考，不是已经下了更大的决心要求加入共产党，而且认为现在已经到了应该结束留在党外的时间了，加入共产党更便于无所顾忌地为革命工作，更有利于推动进步力量，下决心支持革命斗争……"刘季平表示个人赞同，并答应向上级反映。

1943年1月，中共中央华中局来电，请韬奋先生去盐阜地区，韬奋先生到达盐阜，又遇到了耐人寻味的"险情"，充分体现党统一战线政策的感化力量，值得一提。原来韬奋先生在广东时就发现右耳红肿疼痛，限于环境所迫，不能求医诊治，路过上海，又不便久留，失去了诊治机会。来到通西，县长梁灵光曾通过关系，从日伪据点里请来医生给他治疗过，到了盐阜，病情越来越重，经检查是癌症，但又不便对他直言，只称耳病严重，建议他重返上海治疗，待病愈后再来苏北去延安。就在这个时候，日伪军集结大量部队向盐阜地区进行第二次大扫荡。为了确保邹先生的安全，新四军三师师长黄克诚决定将他送到阜东大杨庄著名开明士绅杨芷江家隐蔽起来。杨芷江是盐阜地区有影响的爱国民主人士，早年曾任吴佩孚的驻京办事处处长和河南督理靳云鹗的秘书长，因有感于北洋军阀的腐败，弃官回乡。新四军东进后，应邀参加盐阜地区士绅座谈会，后被推选为参议会副参议长，常与陈毅、黄克诚同志诗文唱和，成为他们的好朋友。邹先生历经艰难困苦被护送到杨芷江家，受到杨芷江的盛情款待，随着日伪向海边的"扫荡"不断扩大，保护邹先生的安全重担落在杨芷江身上。杨派人把邹先生几经转移，但终未逃脱徐海剿共游击副总指挥徐继泰的视线，只好将邹先生带回家中，亲自和敌人周旋。杨芷江陪同邹先生一到家，徐继泰就跟踪而来，杨芷江来了个先发制人，说："好！好！有徐副指挥在此督阵，邹先生的安全我就放心。"徐听出话中有话，连忙尴尬地说："请杨芷老放心，你的朋友就是我的朋友。"这时，韬奋当着徐继泰的面厌恶地说："徐副总指挥不必客气，我邹韬奋来杨庄与杨老先生无关，你不要难为他。对于我来说，蹲监狱、关牢房已是家常便饭的事，你可随意处置。"而徐继泰则讨好地说：

"邹先生不必多虑，像您这样的大人物我还是敬重的，请邹先生以后写文章不要骂我汉奸就是了。"又说，"邹先生染病在身，用药有何难处，不妨直言相告，我可设法……"韬奋淡然一笑道："既然如此，我无他求，只希望你不要跟在日本人后面残杀自己的同胞。"徐继泰只好答道："先生所言极是，徐某一定铭记在心。"说完，徐继泰带着伪军离开了杨家大院。

1942年3月19日，邹先生由海边斗龙港乘船返回上海治病。在病中邹先生就他在盐阜的这段经历写信给陈毅同志，信中特别指出："我真正了解了共产党的统一战线绝不是形式的寒暄请客，而是各阶层人民结成生死之交……这是共产党的伟大成功。"

1944年7月24日，韬奋先生因病医治无效，在上海医院与世长辞，中共中央根据他生前的愿望，追认他为中共党员。中共中央在给家属的唁信中说："为民主政治，为文化事业，奋斗不息，虽坐监流亡，决不屈于强暴，决不改变主张，直到最后一息，犹殷殷以祖国人民为念，其精神将长在人间，其著作将永垂不朽。"

三、英名长存，精神不朽

韬奋先生在南通、如东、海安等地留下的业绩，产生了深远的影响。见到过韬奋先生的一批青年学生，如今均逾花甲之年，谈起当年情景仍然历历在目、记忆犹新，对韬奋先生个个深表敬佩。为了纪念他，抗日战争胜利后，苏中三、四分区合并，建成苏皖边区一分区，在如皋城内，将三分区的大众书店、四分区的明理书店合并建成韬奋书店，同时以原《江海报》印刷厂为基础，组建韬奋印刷厂，使韬奋的名字代代相传。1990年7月24日，南通城内的三元桥下竖立了韬奋铜像。当年的南通县中学校址，中华人民共和国成立后为温桥小学，现更名为韬奋小学。南通市总工会、共青团和南通日报社等发起组织了"韬奋读书小组"活动。千千万万的热心有志青年，在韬奋爱国为民精神的鼓舞下，自觉地为早日实现祖国统一，建设四化而积极努力地学习、工作着。我们深信韬奋精神在当今改革开放，进一步加快经济建设步伐的年代里依旧激励着人们去奋进，将来只要想起韬奋精神，人们就会向着远大的目标和美好的社会去奋进，去拼搏。

忆韬奋导师给我题词

杨超伦

1938年2月初，韬奋先生从汉口乘飞机到重庆。2月4日左右，我在社交会堂听了韬奋先生关于抗战形势的公开讲演。

这是我第一次见着韬奋先生。2月6日，重庆文化界在都邮街生生食堂二层楼举行午宴，欢迎邹韬奋先生（同时欢迎叶圣陶先生）。这次欢迎会，重庆文化界救国会参加的成员有漆鲁鱼、金满成、赵铭彝、萧崇素、李华飞、杨超伦等；新从武汉等地来到重庆的作家有曹禺、陈白尘、宋之的、谢冰莹等（详见2月7日重庆《新蜀报》《国民公报》《商务日报》登载的消息和签名）共二十人左右。大家围坐着一张长方形大餐桌，畅谈抗战形势及文化界的任务。我的座位正好在韬奋先生左下侧，有时就和韬奋先生说几句话（因为人多，又在宴会上，没有深谈思想）。这是我第一次与韬奋先生直接谈话，并相互认识。

　　第二天（2月7日），我去找韬奋先生，天刚亮就起床，七点半钟，到达两路口附近韬奋先生的住宅。因时间尚早，就在住宅门外一个小饭馆吃了早饭。八时，我去敲门，我对看门的老人说，请你转告韬奋先生，昨天在宴会上坐在他旁边的那个青年杨超伦，要求接见。老人进去传达后，出来说，韬奋先生请你在会客室稍候。老人引我到一间七八平方米的会客室坐下。不到一分钟，韬奋先生来了，我走上前去紧紧握住他的手，激动地说："韬奋先生，我是您的老读者，我苦闷极了，我有许多话要对您说，有许多话要对您说呵！"韬奋先生也紧握我的手："欢迎！欢迎！请坐！请坐！"

　　韬奋先生和我在一个长沙发上坐下，我们都将身腰转过来，面对面坐着。我毫无顾忌地倾诉了我的思想、苦闷、烦恼！

　　韬奋先生始终用慈祥的同情的目光望着我，静静地听我的倾诉。当我谈完之后，韬奋先生说："我对你现在的处境，很表同情。你决心为抗日战争、为将来改变整个社会制度努力奋斗，这是很可贵的，也是中国青年义不容辞的责任。现在社会劳苦大众受苦受难，有志青年心里都难受！我们在痛心之余，唯有为劳苦大众求解放、现阶段为争取抗战胜利而努力奋斗之一途。我们要乐观地奋斗。这个斗争是长期的，十月革命的胜利不是轻易取得的，是苏联共产党领导广大劳苦大众经过长期艰苦奋斗取得的。要有耐心，积极努力中要有忍耐精神。"我当时提出，要同几个青年到延安去参加革命，问他能否替我们介绍。韬奋先生说："我愿意尽力帮助。今天还不能明确答复。我在汉口认识中共中央负责人，我回汉口后向中共中央负责人提出来，然后将结果写信告诉你。"最后我说："韬奋先生，希望您能给我写几句话。"韬奋先生从西服口袋里掏出一个小笔记本，给我题词。题词的原文是：

积极努力中不忘伟大的乐观与忍耐的精神

——韬奋

2月7日重庆

题完后，韬奋先生从笔记本上将题词撕下来交给我。我怀着兴奋的心情告辞了。3月初，我在成都接到韬奋先生来信，信中说："已谈妥，欢迎你们几位青年朋友到延安抗大学习，名单已寄西安八路军办事处，请到该处办理手续。"与此同时，我们又接到了汉口八路军办事处袁超俊的介绍信。罗世文以抗大招生负责人的身份也写了介绍信。在重庆我们还没有一封介绍信，心中很焦急，在成都我们一下得到三封介绍信，我们是何等高兴啊。4月初，我们一行六人，就到达延安，进抗大学习了。

1985年5月21日

忆韬奋伯伯在江头村

陈汉辉　**口述**　加　力　**整理**

接待新客人

1942年4月间的一个晚上，我们一家老小聚在老屋禾坪上聊天。几个人影从池塘边的大路上走来，走近了，只见爸爸身后跟着一位陌生的客人。他身穿灰布中式唐装，头戴灰色荷兰帽（一种毡帽），鼻梁上架着一副深色框架眼镜，左手腕上还挂着一根手杖。大家拥着他们走进屋里。父亲向客人介绍了全家人，也向我们介绍了客人，说：“这是李尚清李伯伯，是和爸爸一起做生意的。”

父亲用普通话和李伯伯交谈，我不全懂，只听懂片言只语，连猜带联系，我懂了八九成。父亲在着重向客人介绍我：“这是我的二儿子，11岁，叫漫涛，暹罗曼谷出生的，大家都叫他曼谷。”还有什么“是村里村外有名的调皮鬼”“会和大人斗智”“顽皮透顶”等。伯伯把我拥在他怀里，爱抚地抚摸我的头，托起我的下巴，微笑着说："很老实嘛！"我琢磨这位伯伯，他不嫌我调皮，好像还有点喜欢我，心里暗暗有点得意。

我家老小12口人，3间房。当晚重新调整了床铺，让出一张床，稍加整理，伯伯就在这里睡了第一晚。

第二天，祖父忙着和村中一些长辈磋商，定下借用老学堂一段时间，全家动员把老学堂里外打扫了一遍。进老学堂大门有个小客厅，厅左右各有一间卧室，我和李伯伯住西屋，祖父住东屋。

当天，祖父找我单独交代："每天早点起床，烧水、抹桌、扫地、泡茶，照顾好伯伯。"父亲又单独交代："细心照料伯伯的生活、饮食，看到大人们做的事，不能和外人多嘴，要你做的就做，不要你插手的不要多问，外地来的报纸信件要及时送来，不许拆看……"最后祖母也个别告诫我："客人面前要有礼貌，好菜不许进筷子，不要到处出溜跑野。你的行动就是大人的面子，不许做丢阿婆、大人们面子的事。"我在家里一下子变得重要起来。我用心记住大人们的话，细心地做起事来。

当晚在老学堂进餐，我扫地抹桌，泡茶煮饭，烧菜洗碗，做得井井有条，伯伯当时就夸奖我了，说我能干，比城里的孩子强多了。

找我"麻烦"

记得那天睡到半夜我起来解手，轻轻的木屐声惊醒了伯伯。他随后起身，擦亮火柴，看我光着膀子，就赶紧拿起自己的上衣向我追来。半道火柴灭了，他近视眼，哪里看得见我矮胖的身影在哪个角落。等他回去点灯，我已过了厨房。伯伯提着灯，小心翼翼再追来，好不容易进了厨房，大概由于心情过急，小煤油灯的火苗还是被风吹灭了。这时我刚进厕所，发现伯伯追来，灯又灭了，我不顾尿急，转过身，硬是扶着伯伯一摸一撞，总算把他送回床边，再不顾一切地向厕所跑去。伯伯披着衣，点着灯，坐在床边等我。见我回来了，他赶紧塞给我火柴，要我放在枕边备用，我不屑接那火柴，反而怪他："我在这老学堂读过两年书，你把我眼睛蒙上，我也不会走错路。你担心反而找我麻烦。"伯伯拍拍我的肩膀，连声说："好样的，好样的。"两人打着照面说笑了一阵，才又各自钻进被窝睡觉。

伯伯学洗衣服我挨打

天热了，伯伯每天洗澡后换下来的衣服，照例是我早晨拿了送回家给妈妈，由她洗净、上浆、熨好，傍晚送回来。不到一个星期，一件使我挨打的事发生了。

一天早晨我去取衣服没有拿到，我问伯伯："脏衣服呢？""你弟弟拿去了。"我信以为真，背着书包上学去了。放学回来，刚进门，祖父一把抓住我的手腕，轻轻拉到他房里，顺手关紧门，扭着我的耳朵问："你有耳朵吗？""有。"话音未落，啪！啪！我屁股上挨了两巴掌。"千交代，万交代，要你照顾好李伯伯，你有耳朵，听进去了吗？说，为什么叫李伯伯自己洗衣服？嗯？"祖父一边严厉轻声地责问，一边在找竹烟筒，一场风波远未过去。门外响起了脚步声，伯伯进来了。祖父的声音一下子变柔和了，对我说："就这样，豆腐青菜一起烧。记住，青菜要洗干净。去吧。"我满腹委屈，低沉地"唔"了一声，转身走了。

事后我才知道好心的伯伯要自己洗衣服，又怕我和祖父不允，就想了法子支使我上学走了，然后避开人们的视线，躲到后小门外去泡洗衣服。水缸距离远，厨房里没有小木桶，只有一只烧洗澡水用的美孚牌煤油桶，伯伯提不动，只得用水勺，一勺水一勺水往后门运，弄得满地湿淋淋的。伯伯的"秘密"被祖父发现了，祖父哪里肯依。伯伯真诚地说："到这里来太麻烦你们了，我是想什么都学学。"不管伯伯怎么表白，祖父还是怪我粗心。我受了这冤枉气，整整闷了一天。晚上睡觉前，伯伯关紧门，轻声细语安慰我，问我的屁股还痛不痛，还检讨自己骗我说是衣服被弟弟拿走了。他越安慰，我反而两眼泪汪汪。伯伯也抿起了嘴，说："好了，别难过了，你要哭我也想哭了。睡吧，下回再不叫你上当受冤屈了。"现在回想起来，我那算得了什么冤屈。真正受冤屈的不是我，正是伯伯自己！明明是抗日救国，却被诬陷为"危害民国"，弄得有国难报，有家难归，孤身一人隐居在我们这个偏僻的小山村，这不是最大的冤屈吗？！

苦学客家话

伯伯进村不久，祖父和父亲商量，以伯伯的名义邀请村中长老到老学堂来吃饭。那天请了两桌酒，表哥李彩风当厨师。在小小的宴会上，爸爸向长老们介绍，伯伯是他的好朋友，是商行的股东，因为身体不好，到村里小住，望大家多加关照。伯伯举杯拜见各位父老，还亲自给他们斟酒。他不会讲客家话，但是有祖父和父亲当义务翻译，主客之间还是融洽地交流了感情，席间气氛热烈。长老们一点没有想到眼前的谦谦"商人"竟是一位抗日勇士。

两个月不到，我忽然发现伯伯已经能相当熟练地用客家话与人们交谈了。他用什么办法在这么短的时间里掌握了客家话？回想前一段日子，每天晚上临睡前，伯伯像上课提问一样，要我用客家话复述一遍我们一天的生活，还让我用客家话反复讲述我的一个"秘密"。我的"秘密"是：

我家有一个德国制造的钟，发条断了，我几次到钟表店，看会了接发条的技术，回家后便干起来。刚把钟壳拆下，祖父看见了，不问青红皂白，举起竹烟筒就揍我，烟筒打断了我也不讨饶，我实在不知道自己错在哪里。我如果能把发条接上，钟又能走起来，这不明明是好事吗？那祖父为什么还要打我？我越想越想不通，越想不通越气。晚上，我逃出家门，在树林里游荡，到下半夜想出了报复的办法：装鬼叫。从树林里开始叫，躲到坟墓边叫，到南边再叫，又转到有观音、天神的地方叫，天快发白时才溜回家，爬上祖母的床上背靠她睡着了。等我醒来，大人们七嘴八舌问我昨夜在哪里过的，我犟头倔脑，瓮声瓮气，偏说我早就睡在这里了。这事传到村里，几个老太婆来找阿婆，说昨夜满山饿鬼叫，今年天时一定不好，要遭灾祸，准备组织全村妇女敬天神，还说我睡在床上无人知晓是鬼摄人，过去某地某人也发生过这等怪事。我暗暗好笑，在旁添油加醋，说我昨夜做的怪梦就是梦见坟地鬼叫。老太婆们更振振有词了，一定要拜天神，拜公王、石王。喧闹里，唯独祖父用猜疑的眼神凝视着我。他很明白是我搞的鬼。可是已经惊动了村里那么多人要拜神，他不敢当众揭穿。何况昨天他打得我也太狠，看见我满身淤青，他正心疼后悔呢。早晨我醒来，他就悄悄煮了鸡蛋给我吃，背着人跟我说："以后只要听话，阿公再不打你了，千万不能再到山里过夜。"

伯伯听说我的"秘密"，就用客家话转述出去了。人们又笑话，又赞扬，还用生动的语句补充他的故事。这样，他的客家话就丰富熟练起来了。每天晚上有人到老学堂来聊天，也是伯伯学客家话的好机会。他随时把一些难懂的话用英文字母注音记下来。难怪两个多月后，他的客家话就讲得不错了。

"煳粥"和营养

彩风哥善烧酒菜，从那次宴会后留在老学堂教我烹调，我当然愿意拜他为师，可以多学一门本领嘛。表哥什么都好，就是有一点不好，喜欢揭人短。我偶尔把饭菜烧坏了，他就要到祖父面前"叽叽咕"。有一次我煮稀饭，不注意把粥烧煳了，其实只有一点点煳味，吃的时候才发觉。我一看彩凤哥在朝祖父身边走，就猜准又该轮到我"受审"了。果然，祖父、彩凤哥联合起来数落我。偶然一次小错，似乎变成我天天煮煳粥似的。伯伯没吭声，先舀了半小勺粥在碗里，细品了品味道，连声称赞："好粥，好粥！"接着盛了满满一碗起劲地吃起来，真比平时吃得还多还香。饭后，伯伯当着祖父、彩凤哥的面，亲热地拍着我的背说："曼谷，今天的粥又香又好吃，你能不能每天烧出这样的粥来？"我满腹狐疑，泄气地摇摇头。祖父惊愕了，注视伯伯的神情不像开玩笑，是真的喜欢吃这样的"煳粥。"

第二天，祖父亲自动手，想烧出一锅我的"特产煳粥"来，真怪，就是烧不成功。彩凤哥也试烧了一锅，也不成功。伯伯又宣传开了。他说：高明的厨师不一定样样高明，不高明的厨师不一定样样不高明，作民老伯和彩凤就是烧不出曼谷的"煳粥"。我高兴极了。就是嘛，烧煳一点粥，值得那样数落我吗？真让你们烧还烧不出来呢。祖父和彩凤哥听了伯伯善意的嘲讽可不服气了，想了个新招，摘来豆角叶子，撕下一张张叶肉，甩掉叶脉经络，烧成豆叶粥，清香爽口，伯伯满意地表扬了他们，这才平息了两位"大人物"的不服之"气"。

彩凤哥尽管烧得出几样好菜，却很少得到伯伯的称赞，而我有时带着弟弟到田里捉些田蟹、蛤蟆、清水河里的小鱼，用酒糟煮，用咸菜煲汤，就会得到伯伯的称赞。日子长了，我和彩凤哥都发现伯伯特别喜欢吃素菜。每逢我们从自己地里摘来蔬菜，伯伯的兴致更高，总要从房里拿出一本《大众营养》一类的书，指点介绍蔬菜的营养价值，劝诫我们少到市集上去买鱼买肉。我渐渐才明白，原来伯伯是处处想办法，要我们不为他多增添麻烦，多花钱，宣传蔬菜营养好，不过是想便于说服我们而已。

秘密书房

伯伯到我们家后数祖父最忙，从生活到读书，样样都想到了。祖父想方设法为伯伯收集图书。一次，从梅县亲戚家取回两箱书。又一次，半夜了，祖父带着我们兄弟三人，到兰园屋的一间鲁草间，从地下挖出两只用油布、石灰密封的水缸，一大一小，缸里藏着满满的书，还有大革命时期的农运红旗、农会袖章、会印等，还有爸爸近几年从外面弄来的书刊，都转移到鸣岗楼二楼最顶层的一间阁楼上。这里给伯伯布置了一间秘密书房。

这书房门上装有假锁，表面看，门是锁着的，其实只要室里拨去一根钉子，连门搭都能脱开，出了门再开锁，另锁一个搭扣。

收集的图书有整套党中央机关报《向导周刊》，团中央机关报《中国青年》，还有《犁头周报》《梅县妇女》《东山校志》以及鲁迅的作品，毛泽东同志早期著作的单行本，还有《辞海》《资本论》等，不下二三百本。

我随祖父第一次带伯伯到秘密书房，他一下看到这么多书高兴极了，翻翻这本，又翻翻那本，嘴里不停地说："太好了，太好了。"

从此，每天村人下地劳动了，他就去书房，人们劳动回来前，他回老学堂。开始，我是"专职"向导，天天由我带伯伯去书房。伯伯一到书房，很快就陷到书堆里把我忘了。看他读得津津有味，有时书里有破碎纸片掉出来，他还贴贴补补，填填写写。我学他，也拿起书专注地看，但翻了几本，都是密密麻麻的字，没有图画，几分钟就翻完了。久而久之，他看他的书，我捧来了叔公遗留下来的好多破时钟，拆拆修修，敲敲打打。在寂静的书房里，我敲打钻锉的声音特别响，伯伯却一次也没有嫌我吵过。有时候伯伯让我拿了书先到树林里、山头上、蛤蟆石，他随后到了，就在隐蔽的地方读起书来，常常因为读书忘了吃饭。祖父理解他，有几次要我送饭到书房，伯伯坚持不同意，说这样送来送去，这个秘密书房就会暴露了。最后讲定每到该离开书房的时候，由我在屋外向窗户边的树上丢石块，学猫叫，他听到后我即先走，他随后漫步回家。有的时候我图省事，离鸣岗楼老远，就用皮弹弓射两颗石子到规定的树上，伯伯也很警觉，很快就有反应。那时候我是伯伯的影子，他少不了我，我也少不了他。

吻我河山

一天，我陪伯伯第一次登上我们村对面的立面岭（又叫和尚顶）。到了山顶，10里以外的梅江河，10多个远近村庄，重叠起伏，尽收眼底。伯伯搀着我的手默默地向四处瞭望，突然问我："曼谷，看，多好的河山，你喜欢吗？"

"喜欢。"

"要是被人抢走了，怎么办？"

"这么大的土地谁能抢得走？"

"日本鬼子。"

"啊，他们不敢到我们这里来。"

"为什么？"

"我们这里有东江游击队。"我指着梅江上游的远方。

"你知道是谁领导我们打日本吗？"

"共产党！毛主席！八路军！新四军！"一种神秘崇高的感情油然升起，我压低嗓音轻轻地回答。这个答案早在我心中生了根，是从祖父、爸爸、与爸爸来往的朋友的言谈中知道的。

伯伯的两眼湿了。他情不自禁地把我抱起来，吻了又吻，我一面搂着他，一面无知地关照他下山后在村人面前不能乱说。很多爸爸的朋友都问过我"谁领导我们抗战"，我同样回答是"共产党、毛主席"，可是谁也没有像伯伯那样发疯似的抱我吻我，他是谁呢？新四军的陈毅军长？不是。我曾偶然从一份内部的油印报上看到过陈军长的画像，他不是戴眼镜的。是东江游击队的曾生队长？也不像。这个疑问只能存在心里，不能直接问伯伯，更不敢问祖父或爸爸。3年以后，我才知道当初先辈们要我细心照料的"李伯伯"，就是伟大的爱国者邹韬奋。在立面岭上，他那样热烈地抱我吻我，是因为我讲出了他长期要讲而不能公开讲的话。他热爱祖国的大好河山，热爱人民，热爱中国共产党，吻我是吻我河山啊！

伯伯生活在我们中间

有一次，伯伯问我喜欢读什么样的课本，最喜欢哪一课。我说最喜欢一本《战时常识》。他问为什么。我答书里有抗击日本侵略者的画，有教我们怎样防空、防毒、防汉奸坏人捣乱的画，还有几幅列宁、斯大林的像。伯伯又问："还有呢？"我一下子就把最喜欢的一课背出来了："咕噜噜，咕噜噜，半夜起来磨豆腐。磨豆腐，真辛苦，磨到天亮还不住。""这课最好，说出了我们的心里话。"伯伯高兴得笑出了声。他约定我什么时候家里做豆腐通知他，他要从头看到尾。端午节前一天，我们家自己做豆腐，伯伯从选豆、过秤、除壳、泡豆、磨浆、煮浆、过滤、加卤水，直到包好完成，看得仔细认真，还在小本上记点什么。第二天中午吃饭，伯伯尝着新做的豆腐，做了个滑稽脸，兴致勃勃顺口说起来："咕噜噜，咕噜噜，半夜起来磨豆腐。磨豆腐，磨豆腐，吃来容易做来苦。"我笑得合不拢嘴，祖父也快乐得呵呵直笑。

伯伯不仅和我们家人相处得和睦融洽，和村里大人小孩都很合得来。

我们村前有一条小河，长200多米，宽30多米，水清见底，最深处有2米左右，是个理想的天然游泳池。孩子们最喜欢和伯伯一起游泳。有几次我和小伙伴们为一方，伯伯和爸爸为另一方，在溪水里对阵打水仗。我们人多，很容易形成包围圈，水像大雨泼向伯伯和爸爸，他们不甘示弱，一面防守，一面也将水向我们洒来。我们是当然的胜利者，不肯轻易罢手，常常是爸爸提出"李伯伯"累了，要休息，才勉强"休战"。

每年的农历八月初三，是全村老少上祖坟扫墓的日子。那年这天，村中长老特地邀请伯伯一同上山。伯伯尊重当地百姓的扫墓仪式，和长老们一起行礼点香。拜谒完两座祖坟，全村人在河边进行一年一次的集体野餐。伯伯在烈日下与民同餐，和老少一起谈笑风生，如同一家人。

伯伯对村里人民的各种生活都有兴趣，都想了解，他约过我清早起来带他去看杀猪，看祖父网鱼，看农民拔秧、插秧。农忙的时候，他还帮着送茶送水到田头。村里有人生病，祖父粗通医道，伯伯总是跟在后面做助手，帮着祖父关心护理病人。

按伯伯自己的话说，他在江头村学到了很多过去书本上学不到的东西。伯伯谦虚好学，拜一切有特长的人为师，真诚热情，江头村老少至今仍铭记心间。

支持和批评

为了防止国民党特务侦缉暗算伯伯，祖父、彩风哥身上都佩有手枪。祖父曾带伯伯到深山去练习射击、演习突围等活动，可惜很多子弹是打不响的。我从大人的谈话中知道了，便偷偷取了几颗，用修表工具重新加工改装。改装好了交给谁？交给祖父？不，祖父从来不相信我的手艺。交给伯伯？对，他一定会支持我。果然，我把改装好的子弹交给伯伯，他就极力主张试试。祖父一脸轻蔑，说："小孩子瞎弄弄，土打的，没有用。"伯伯坚持试一试，祖父不好意思固执反对，答应在老学堂后面试一枪。砰！这一枪不仅声音响，而且子弹头打进了树木，伯伯手舞足蹈，说："响了，响了，有用，有用。"赶忙把不响的子弹全交给我改装，而且自此以后不再叫我"曼谷"，而是带着尊敬的口吻叫我"土打"。祖父拉不下长辈的面子，但表情温和些了，默认我的改装是成功的。本来大人们的枪碰都不许我碰，改装子弹成功后，再有伯伯的支持，祖父也允许我在彩风哥回家的时候代他持枪了。

伯伯的热情爱护和支持，像雨露一样滋润了我心灵中的科学种子，它生根出芽了。我从小喜欢收集各种破钉烂机器，敲敲打打，拆拆弄弄，拆钟挨打是一例，私自改装子弹又是一例。祖父、父亲对我这种"修修补补"的爱好一向不以为然，总说我没出息，长大了是扛轿的料。伯伯却截然相反，特别喜欢我的"敲打修补"，每有一点小创造，他就会在祖父、父亲面前夸耀。在伯伯的影响下，父亲逐渐改变了对我的看法。伯伯离开江头村后，爸爸主动让我进学校继续读书。我对科学的兴趣日益浓厚，初中二年级时就自制了显微镜、望远镜、幻灯，创造多种电影演示器，在舍坑甚至梅县都有点小名气，还上过报。到这时候，祖父才完全改变了过去对我的轻视。祖父多次说过：你的成长要感谢"李伯伯"。遗憾的是中华人民共和国成立后，我在工作上的成绩甚微，究其原因，有主观的，也有客观的，这是我愧对伯伯期望的。

我也受到过伯伯的批评。

爸爸是秘密的中共党员，经常不在家，要到韶关等地做公开的侨商。每次回家，他总要叮嘱我，伯伯住的老学堂里不能有半点红色书报。这是他随时注意保证伯伯安全的一项重要措施。我懂，也是照他嘱咐做的。有一次却大意了。我在鸣岗楼的书堆里，看到一本封面上印有毛泽东、朱德、彭德怀三个圆形头像的书，我敬重这三位将领，就用薄纸铺在封面上，把他们描画下来，带回老学堂，得意地把它贴在我的床头。伯伯看见了。他先赞扬我描得认真，描得像，接着向我要这幅画。伯伯竟欣赏我的画，我感到骄傲，当然答应了。满以为他会将画贴在他的床头，谁知道他带着我把它送回鸣岗楼，夹到那本书里。我疑惑不解地望着伯伯，只见他微微一笑，说："老学堂里来往人多，你爸爸关照过，这种画不宜贴在我们床头。"伯伯讲得轻描淡写，我却猛然醒悟，使劲乱敲自己的脑袋，多危险：一时兴起，疏忽麻痹，会引来多么严重的后果。伯伯批评得轻巧，但"警惕"二字却像石刻一样印在我脑海。我以后再也没有犯过类似的"事故"了。伯伯这种重锤轻敲的批评方式，给我留下了深刻的印象，以后我也学会用这种方式教育帮助我的弟弟妹妹。

暴露真名

1942年9月20日，农历是八月中旬，爸爸买了一包墨丝回来，又从小学校借来一只墨钵，嘱我在秘密书房磨了一天墨，磨了很多墨汁，我还不知道干什么用。22日，胡一声伯伯来家做客，很快我就明白墨汁是爸爸给伯伯写字用的。

那天伯伯写了两个条幅，一幅给胡一声伯伯，一幅给我父亲陈炳传，两幅都是撮录鲁迅先生的语录。给胡一声伯伯写的是："历史上都写着中国的灵魂，指示着将来的命运。只因为涂饰太厚，废话太多，所以很不容易察出底细来。正如通过密叶投射在密苔上面的日光，只看见点点的碎影。"给父亲陈炳传写的是："翻开历史一查，歪歪斜斜的每页上都写着'仁义道德'几个字，仔细看了半夜，才从字缝里看出字来，满本都写着两个字是'吃人'。"两个条幅的落款题写的日期都是1942年9月22日，都签上了他那清秀有力的真名"韬奋"二字。在这"点点碎影"中，伯伯才露了真名，随后又隐姓用假名了。

9月27日伯伯离江村前，我们造的新屋的厨房部分和横屋还没有全部完工，全家人还住在老房子里，伯伯应祖父之命，提前写了大型中堂，共4个条幅，每幅2米长，共书了350多字，这是伯伯生前写的唯一大型墨迹，以庆祝新屋作庐落成纪念。在落款处除了签上伯伯的真名外，题字的日期写的是"1942年11月14日"。这个日子是祖父从老通书上查到的"良辰吉日"，是搬家住新屋的日期，不是实际书写的日子。

进行这次题字活动，是大人们已经商定伯伯准备离开江头村了，而我还蒙在鼓里，一心要和伯伯交"老朋友"呢。

伯伯的题字当时由祖父一个人珍藏，当伯伯逝世的消息传来后，在一次悼念活动中，祖父开拆了这些条幅，转交给我保管。经历了抗日战争后期的三年和解放战争时期，在那漫长艰难的岁月里，我像保护伯伯的安全一样保存了这些珍品。中华人民共和国成立以后，我将这些珍品全数捐献给了韬奋纪念馆。

离村前后

1942年9月24日是农历八月十五中秋节。这年中秋节在江头村非同寻常。那天又以李伯伯的名义，在老祖屋门口摆开了闹八音，邀请村中父老长辈吃晚饭。所谓闹八音，即从舍坑汗请来八音社的几位吹鼓手，在老祖屋门前吹奏，场面热闹，孩子们特别高兴。饭后，全村人汇集在老祖屋禾坪上赏月谈天，欢聚一堂，除极少数人外，谁也没有想到这是李伯伯在向全村亲人告别。节前一天，所谓"李伯伯的弟弟"冯舒之到达江头村，住在老学堂的孔夫子神位底下，他是来接送伯伯的。胡一声、郑展在这前后也来过几次。节后第二天，彩风哥上路去探听了一次"行情"。一切准备就绪，伯伯要走了。临行前一天，彩风哥要我住回老屋，我不知所以，自然不肯，他才透露伯伯明天要走了。9月27日清晨4点钟左右，大家早早地起床上路了，我的好伯伯正式与江头村告别。祖父、爸爸、郑展、冯舒之、彩风哥一行人走在前面，未婚大嫂黄秀英挑着担子，我手提小包，腋下夹着一把伞走在后面。伯伯走走停停，真是难舍难离。路经山下坝过了桥，伯伯站住了，好像在留恋这个天然游泳池，沿这条溪河边走去，在斑鱼塘的路口，伯伯又站住了，这是他每天散步必经的地方。又走了一阵，伯伯不让我们送了。伯伯拉我靠近他身边，对父亲说："要想法让'土打'上学读书，将来是个发明家。"又对祖父说："我永远忘不了江头村。我一定要把你老伯、炳哥和江头村老少对我的深情款待，专门写一本书来报答你们。""再见！""再见！"一个个热泪盈眶，依依难舍地说着"再见！""再见！"，多么希望真的能够再见啊！望着远去的伯伯的背影，我这孩童的心里像失去了最宝贵的东西似的，显得那么空空落落。我想哭，想追上去，可是当着那么多大人，我只能怔怔地站着，望着伯伯远去的方向，望着，望着。

数月后伯伯来了一封信，爸爸念给我听，其中有一句话我至今还记得牢牢的。信中说："'土打'小朋友会变成'来路货'不？"这是他在鼓励我努力学习，钻研技术啊。从这时起，钻研机械成了我独特的爱好。中华人民共和国成立后我上了大学，虽然专业没有同个人爱好吻合，但伯伯的期望我是一直记在心田的。常常当我自告奋勇完成一项技术改革，没有听到表扬，却听到一些冷言冷语时，伯伯的叮嘱就会给我增添勇气。我从来不泄气，不后退。

在追忆和伯伯相处的日子，我决心以韬奋伯伯为终生学习的榜样，热爱祖国，热爱人民，不怕挫折，排除障碍，把我学得的技术，贡献给祖国的社会主义建设事业，在伯伯《患难余生记》的基础上续写出全新的篇章。

1980年12月

我们永远纪念邹韬奋先生

卢伟良

邹韬奋先生是我早已慕名的伟大人物。而我第一次见到他，是在1942年的初春，我们东江游击队的同志们，历尽千辛万苦，按照党中央的要求，把他和一大批中华民族的文化界精华，从日寇严密封锁着的香港抢救回来。他一到游击区便不辞劳苦地强忍住扭伤的痛脚，应邀向我们做报告，同我们一起开展文艺活动。虽然这是45年前的往事了，至今我们却仍记忆犹新。

现在韬奋先生在上海的旧居，国家把它办成了"韬奋纪念馆"，他读书时的大学主楼，被命名为"韬奋楼"，江苏南通办了一间"韬奋印刷厂"；1986年我国为他发行了整套韬奋纪念邮票，在国内外的许多报纸、刊物，为缅怀邹韬奋先生而撰刊的文章，连年不断。

在纪念韬奋先生的时候，有人称他为伟大的爱国者，有人称他为伟大的政论家、宣传家、出版家、作家、我国新闻界的先驱……朱德元帅用高度概括的语言，称韬奋先生是"爱国志士、民主先锋"。

周恩来总理给粹缜先生的信中写道："在韬奋的笔底，培育了中国人民的觉醒和团结，促成了现在中国人民的胜利。他的功业在中国人民心目中永垂不朽。他的名字将永远是引导中国人民前进的旗帜。"

韬奋先生是在福州和上海长大的江西余江人，出生于破落的封建官僚家庭，从小对社会问题就很关注。他在克服了重重经济困难读上大学电机工程，仍坚决转学文科研究社会。毕业后做过几年秘书和教员，便转入为宣扬和指导职业修养而办的《生活周刊》当编辑。

1931年九一八事变，民族罹难、国家危亡。韬奋先生当即改变了《生活周刊》的宣传宗旨，指出民族的前途和国家的出路，并对国民党投降派不抵抗主义，作了准确的揭露和严正的批评。他用这个每期发行15万份的刊物来做宣传，实质上是对国民党投降派的严重打击，同时也在唤醒着中国民众。在其时，不但是一般民众在社会重大问题上，要听听韬奋的分析意见。就连张学良、杨虎城这样的爱国军政要员，对待国事，也要看看韬奋的态度，要听听韬奋的意见。

卖国求荣的国民党，对待浴血奋战抗日卫国的东北义勇军不予援助，对奋勇杀寇而受伤的十九路军将士，不收容医治，而韬奋先生在这个困难当先、民心惨痛的时刻，挥起了战斗的锐笔，利用他那声振国内外的《生活周刊》，向全国民众发出挽救民族的呼唤后，便收到全国民众为义勇军捐献的12万元，还为十九路军创办了一间"'生活'伤兵医院"，从而掀起了全国民众的爱国热潮，增长了全国军民的抗日信心。

投降派最恨的就是爱国，蒋介石最恨这《生活周刊》的编辑。人民为了保护这些爱国志士的安全，宋庆龄支持蔡元培、杨杏佛等人组织了"民权保障同盟"，并邀请韬奋先生参加了这个组织，不久杨杏佛遭到国民党的特务杀害，韬奋先生被迫接受建议流亡国外，不久《生活周刊》被封。

然而，韬奋先生为了国家民族，更顽强地又先后创办了《新生》《永生》《生活日报》《大众生活》《抗战》《全民抗战》等更多的刊物；并把原来设在各地的"书报代办部"扩展成"生活书店"。他自己也一刻不息地写出了在世界上具有高度评价的《萍踪寄语》等许多政论性的名著，并把宣传范围从抗日救国式扩展到宣扬民族解放斗争和实行民主政治上来，从而更高一步地唤醒着人民大众。

1935年8月，杜重远先生被捕，韬奋先生以国家民族为重，毅然冒险回国，利用《大众生活》进一步开展宣传。12月9日，威震全球的中国学生爱国救亡运动掀起来了，《大众生活》的发行量也激增到20万份。此时，先生又与沈钧儒、章乃器、陶行知4人，联名撰印了宣传停止内战、团结抗日的单行本。

事过114天，国民党政府在愤怒中于夜间逮捕了先生和沈钧儒、章乃器、史良、沙千里、李公朴、王造时等7人。此事激怒了全国人民，就连国外科学家爱因斯坦以及罗曼·罗兰等人，都致函谴责国民党政府。这就是世界闻名的"七君子案"。

在先生被捕后的第20天，爱国将领张学良和杨虎城两位将军，愤怒地在西安扣留蒋介石，实行兵谏，迫使蒋介石改变政策，宣布抗日。这就是有名的"西安事变"。

先生被国民党政府关押了212天后，在国内外的舆论威力压制下，释放出来了。然而国民党搞的暗杀先进人物、封闭"生活书店"，捕捉书店人员等的凶事接踵而来，韬奋先生被迫转移到香港，又以其"一支锐笔胜似万马千军"的作用，继续出版《大众生活》。更进一步唤起民众，为国家的民主独立而团结奋斗。香港沦陷时，我们把他们抢救回来之后，内心便感到有无限的宽慰。

可是国民党政府得悉后依然不死心，密令其各地特务机关，对韬奋严密搜捕，就地处决。迫于战斗队伍所处的环境和抗日任务上的关系，党中央南方局决定将韬奋安排到梅县，交给陈炳传（启昌）同志负责掩护，并在他家里"公开隐蔽"。

启昌同志是中共梅县地区建党人之一（他父亲是当年的乡农协主席），由于革命斗争形势的需要，党组织要他以归侨资本家"侨兴行"总经理的身份，在社会上层活动，因此，由他来掩护韬奋是最安全可靠的。

韬奋先生以遇难的大老板的身份，寄居江头村，同江头村人民结下了亲密的友谊，江头村的同志对韬奋先生至今依然念念于怀。

陈毅元帅说过：孙中山先生是前30年的一个最伟大的革命民主主义者，稍后10余年的鲁迅先生也是一个革命民主主义的启蒙大师，而韬奋先生之伟大成功便是继孙、鲁二公之后，再度指出中国革命的总规律，这种价值是无可比拟的，也是我（们）所倾慕的地方。

濠河边，这座韬奋塑像

熊江卫

他静静地坐在濠河边，坐在文峰塔下，坐在浓浓的树荫里。

行色匆匆的朋友简直可以忘却他的存在。

而每当我经过他身旁，望着那消瘦的面容，心中总会产生一种异样的感觉。这是一颗充满智慧的头颅，在如血夕阳中泛着古铜色的光芒。面部的轮廓颇有层次，能清晰地分辨出高低、深浅、强弱。两眼安详地眺视远方，是在思考着亘古之谜的玄远，还是在回忆当年在紫石中学、南通县中的演讲？紧闭的双唇透出格外的沉静。只在所有的沉静背后，那些坚毅而深沉的棱角仿佛在昭示着什么。

是在昭示那只有坚硬的骨骼和高昂的头颅才能塑造出的铿锵正气吗？

关于邹韬奋先生的一组令人难以忘怀的镜头又浮现在我的眼前：

1933年，带着"世界的大势怎样"和"中华民族的出路怎样"的疑问，你周游欧美并到苏联参观、访问，遍寻真理。在恶劣的环境中你完成了数十万字的"流亡通讯"，即后来结集出版的《萍踪寄语》和《萍踪忆语》。

1935年，顶着国民党当局威胁利诱的高压，你毅然南下香港，创办高举抗日救国旗帜的《大众生活》周刊和《生活日报》，用犀利的笔撕开日寇、汉奸亡我中华的野心，给浴血奋战的救亡者擂鼓助阵。

1936年11月22日深夜，作为"爱国七君子"之一的你被国民党当局非法拘禁。在狱中，你奋笔疾书："我在二十年前想要做个新闻记者，在今日要做的还是个新闻记者——不过意识要比二十年前明确些，要在'新闻记者'这个词上加上'永远立于大众立场的'一个形容词。"

抗日战争全面爆发后，上海、武汉、重庆，到处有你的身影。《抗战》《全民抗战》在大后方的几十个城市里被争相传阅，千千万万不愿做亡国奴的读者，从中汲取了反抗强暴的勇气。

1942年年底，你突然出现在苏中抗日民主根据地。人们惊讶、兴奋。此前，在国民党密令通缉、"就地格杀"的险恶形势下，你隐居于广东东江纵队游击区和梅县江头村，引得多少外界人士为你担心。

你千里迢迢，历尽艰辛来了，人们多想让你过几天安定的生活。可是敌情紧张，日伪"清乡"在即，不得不让你夜行晓宿，到处转移。你却一直显得十分愉快。你对抗日民主根据地的存在和发展抱着极大兴趣，对抗日的最后胜利充满了信心。当你得知日伪正图谋对苏中的前沿阵地四分区进行"清乡"时，你不顾安危，来到紫石中学、邱陞中学、南通县中，向师生做时局报告。人们永远不会忘记你那热情洋溢的演讲。你用许多耳闻目睹的事实揭露了国民党反动派消极抗日、积极反共、压制民主、迫害进步人士的倒行逆施，你谈了到达苏中抗日民主根据地的感受，赞扬这里的团结、民主、进步，说这是中国抗日胜利的希望之所在，你不厌其烦地回答师生们的问题……是的，人们永远不会忘记你那流利的国语、生动的手势，以至你的一颦一笑。

1944年6月1日，积劳成疾的你在弥留之际，对好友口述遗嘱，发表对于政局的最后意见，并向中共中央提出请求：要求追认为中共党员。

"热爱人民，真诚地为人民服务，鞠躬尽瘁，死而后已，这就是邹韬奋先生的精神，这就是他之所以感动人的地方。"花岗石底座上镌刻的这段话，是毛泽东同志1944年11月15日的题词。多么辉煌的一生！

望着簇拥在你周围的那盎然生机的绿树枝头，望着那在如香波中濯洗过的密密的树冠，望着你那炯炯有神不知疲倦的双眼，我知道我的笔是无法真正地描绘出你一生的坎坷，刻画出你满腔的正气。但我仍然要写，因为你为全民族的利益，为人民的幸福，你追求过、呐喊过、奋斗过，你不应也不会被我们忘却。

四十多年前，你在给中共华中局的信中曾要求再赴江北，你说："我死也要死在抗日民主根据地。"四十多年后的今天，你终于坐在江北南通的濠河边，静静地，静静地……

我该怎样深深地感谢你，邹韬奋先生？因为每一次对你的注视都坚定了我的信心。我知道：只要认准那"为大众"的道路走下去，历史便会在你的脚下写下一部耐得住岁月默读的书。唯有不断的追求，才有真正的新生。让稚嫩的双翅在风中、雨中、浪尖上，在生活的磨难与挫折中变得坚强。丢掉散漫、丢掉清高、丢掉世袭的重负和传统的因循，再塑一千新我。